ایک اور سپر اسٹار

(ڈراما)

قاضی مشتاق احمد

© Qazi Mushtaq Ahmad

Aik aur Superstar *(Drama)*

by: Qazi Mushtaq Ahmad

Edition: June '2025

Publisher :

Taemeer Publications LLC (Michigan, USA / Hyderabad, India)

ISBN 978-93-6908-084-7

9 789369 080847

مصنف یا ناشر کی پیشگی اجازت کے بغیر اس کتاب کا کوئی بھی حصہ کسی بھی شکل میں بشمول ویب سائٹ پر اَپ لوڈنگ کے لیے استعمال نہ کیا جائے۔ نیز اس کتاب پر کسی بھی قسم کے تنازع کو نمٹانے کا اختیار صرف حیدرآباد (تلنگانہ) کی عدلیہ کو ہو گا۔

© قاضی مشتاق احمد

کتاب	:	**ایک اور سپر اسٹار** (تین ایکٹ کا ڈرامہ)
مصنف	:	**قاضی مشتاق احمد**
صنف	:	ڈراما
ناشر	:	تعمیر پبلی کیشنز (حیدرآباد، انڈیا)
سالِ اشاعت	:	۲۰۲۵ء
صفحات	:	۹۸
سرورق ڈیزائن	:	تعمیر ویب ڈیزائن

اِنتساب

ان اداکاروں کے نام
جو سپر اسٹار نہ بن سکے
اِس لیے کہ وہ اچھے فن کار تھے!

اِس ڈرامے کے تمام کردار، مقامات اور واقعات فرضی ہیں۔ کسی اتفاقی مشابہت کے لیے مصنّف اور پبلیشر کسی بھی قسم کی ذمّہ داری قبول نہیں کریں گے۔

ابتدائیہ

ایک بار پونہ کے ایم۔جی روڈ پر علی بن سعید سے اچانک ملاقات ہوگئی۔ پونہ میں اردو اسٹیج کے وہ ایک نامور فن کار، رائٹر اور ڈائریکٹر ہیں۔ میں نے رسمی طور پر پوچھا "علی بھائی! اب اگلا ڈرامہ کب؟" انہوں نے جواب دیا "اگلا ڈرامہ آپ لکھیں گے اور میں ڈائریکٹ کروں گا"۔ ملاقات سرِراہ چلتے چلتے ہوئی تھی اس لیے میں نے "انشاءاللہ" کہہ کر بات وہیں ختم کردی۔

علی بھائی نے دوسری ملاقات میں دوبارہ اپنی بات دہرائی۔ وہ مزاحیہ ڈرامے اسٹیج کرتے ہیں اور میں نے کبھی کوئی مکمل مزاحیہ ڈرامہ نہیں لکھا ہے۔ علی بھائی کا اصرار تھا کہ میں اپنے ناول "فٹ پاتھ کی رانی" کو ڈرامہ کی صورت میں پیش کروں کیوں کہ اس ناول میں بھرپور ڈرامہ اور برجستہ مکالمے ہیں۔

ان کی بات مجھے پسند ضرور آئی لیکن اسی دوران ایک ٹی وی پروڈیوسر سے میرا تنازعہ چل رہا تھا کہ اس نے اس ناول کے کردار اور واقعات "مالِ غنیمت" سمجھ کر لوٹے ہیں۔ ٹی وی کو میں نے باقاعدہ نوٹس بھی دیا تھا۔ اس لیے میں کوئی فیصلہ نہ کر سکا کہ کیا کروں۔ علی بھائی کے تقاضے پٹھانی تقاضوں کی طرح سخت ہوتے جا رہے تھے۔ میرے دماغ میں ڈرامہ کے سین تیار ہو رہے تھے۔ اچانک اخبارات میں ایک سپر اسٹار سے متعلق خبریں آنے لگیں، اور زیرِ نظر ڈرامہ کا پلاٹ میرے سامنے آکر کھڑا ہوگیا۔

علی بھائی کو میں نے پلاٹ سنایا اور وہ خوشی سے اچھل پڑے کہ یہ بہت اچھا پلاٹ ہے۔ فوراً ڈرامہ مکمل کیجیے۔ جب پلاٹ تیار ہو تو ڈرامہ لکھنا کوئی مشکل کام نہیں ہے۔ میں ابتدا سے یہی سوچے بیٹھا تھا کہ علی بھائی ہلکی پھلکی کامیڈی چاہتے ہیں اور ایک یا دو سیٹ کے ساتھ ۔۔ جوں جوں ڈرامہ آگے بڑھنے لگا، علی بھائی کے خیالات بدلنے لگے ۔۔ ان کا

خیال تھا کہ میرا نام سُن کر سنجیدہ طبقہ بھی ڈرامہ دیکھنے آئے گا۔ اِس لیے ڈرامہ میں اس طبقہ کی پسند کا بھی خیال رکھنا ضروری ہے۔ ڈرامہ کے ٹرانسفر سین کی طرح ڈرامے کا پلاٹ بھی بدل گیا۔

علی بھائی سے میری کئی ملاقاتیں ہوئیں۔ وہ مجھ سے بار ہا ملتے رہے اور ہر سین پر بحث کرنے لگے۔ ان کے سامنے اسٹیج کی سہولتوں کا مسئلہ تھا اور میں ان کی فرمائش کے مطابق سین لمبے یا چھوٹے لکھ رہا تھا۔

ایک دن علی بھائی نے سجھاؤ دیا کہ اس ڈرامہ میں ایک نیا کردار ہو جو آج تک کسی ڈرامہ میں نہیں دکھایا گیا ہے۔ ہم دونوں نے بہت غور کرنے کے بعد فیصلہ کیا کہ اس ڈرامہ میں اس علاقہ کا کوئی خاص کیریکٹر پیش کیا جائے جس علاقہ سے میں متعلق ہوں یعنی خطۂ خاندیس۔ یہاں دیہاتی علاقہ میں مراٹھی میں "اہرانی" اور اردو میں دکنی قسم کی خاندیسی اردو بولی جاتی ہے۔ اس زبان سے میں واقف ضرور ہوں لیکن گزشتہ ۲۰-۲۵ برسوں سے میرا خاندیس سے بہت زیادہ تعلق نہیں رہا۔ اس لیے ٹھیک لب ولہجہ مجھے یاد نہیں۔ علی بھائی نے اس کا بھی انتظام کرلیا۔ مرکزی کردار کے لیے میری نظر میں علی بھائی گروپ کے ایک اداکار تھے۔ اتفاق سے وہ روزی روٹی کے چکر میں پونہ سے باہر جانے والے تھے۔ ڈانس ڈائریکٹر، کروڑی مل اور ہیرو دشمن کے کردار کے لیے بھی علی بھائی نے مناسب اداکار تلاش کرلیے تھے۔ اسکرپٹ مکمل ہوگیا۔ سنسر نے اسے بغیر کسی کٹ کے پاس کر دیا۔

پونہ کے اسٹیج حلقہ میں یہ خبر مشہور ہوگئی تھی کہ میں کوئی "زبردست" ڈرامہ لکھ رہا ہوں۔ ایک پروفیشنل آرگنائزر مجھ سے ملنے آئے اور یہ تجویز پیش کی کہ میں یہ ڈرامہ انہیں دے دوں تاکہ وہ ممبئی کے مشہور اسٹیج اور فلم آرٹسٹوں کو لے کر اسٹیج پر پیش کریں۔ میں نے ان سے کہا کہ یہ اسی صورت میں ممکن ہے جب علی بھائی اسے خود پیش نہ کرسکیں۔ ایک دوسرے تھیٹریکل گروپ کے آرگنائزر بھی ایک آفر لے کر میرے پاس آئے۔ ان سے بھی میں کوئی وعدہ نہ کرسکا۔ لیکن جیسا کہ ہر نئے پراجیکٹ کے بارے میں ہوتا ہے کچھ ویسا ہی اس ڈرامہ کے ساتھ ہوا۔ علی بھائی کو ہیرو کے رول کے لیے مناسب اداکار نہیں مل رہا تھا۔ جو نام انہوں نے سجھایا تھا وہ مجھے پسند نہیں آرہا تھا۔

۸

اسی درمیان میں اپنے وطن آیا۔ معین الدین عثمانی اور صغیر احمد سے اس ڈرامے کے بارے میں بات چیت ہوئی۔ انہوں نے یہ تجویز پیش کی کہ سب سے پہلے اسے کتابی صورت میں پیش کیا جائے تاکہ جب بھی ڈرامہ اسٹیج پر پیش کیا جائے اس کا مکمل اسکرپٹ اداکاروں کے سامنے موجود ہو۔ مجھے یہ تجویز پسند آئی اور میں نے مسودہ ان کے حوالے کر دیا۔ یہ ان دونوں صاحبان کی ہمت اور لگن ہے کہ آج یہ ڈرامہ کتابی صورت میں آپ کے سامنے ہے۔

مجھے امید ہے کہ یہ ڈرامہ پسند کیا جائے گا۔ میں نے اس بات کا خیال رکھا ہے کہ ڈرامہ سماج کے ہر طبقہ میں پسند کیا جائے۔ شائقین ڈرامہ کی دل چسپی بڑھانے کے لیے اس میں ڈانس، گانے اور کامیڈی کے سچویشن نکالے گئے ہیں۔ ڈرامہ بڑی آسانی سے اسٹیج پر پیش کیا جاسکتا ہے۔ میں نے اس بات کا بھی خیال رکھا ہے کہ دیکھنے والے کہیں بوریت محسوس نہ کریں۔ قدم قدم پر دل چسپیاں موجود ہیں۔ آج اسٹیج پر تیز رفتار ڈرامے پیش کیے جا رہے ہیں۔ امید کہ یہ ڈرامہ اس دوڑ میں بھی پیش پیش رہے گا۔

ب/٦۔ دسے وفیو سوسائٹی
آئی سی ایس کالونی
پونہ ۴۱۱۰۰۷

قاضی مشتاق احمد

کردار

(۱)	راجو	ایک فلم زدہ نوجوان جو کروڑی مل فلمز کے دفتر میں چپراسی ہے۔
(۲)	کروڑی مل	فلم پروڈیوسر
(۳)	باہر والا	فلم کا شوقین ہوٹل ملازم
(۴)	اِنکم ٹیکس آفیسر	
(۵)	جمشید جی	اخبار ڈھنڈورچی کا غائب دماغ ایڈیٹر
(۶)	گوپال	ڈانس ڈائریکٹر
(۷)	روپا	گوپال کی شاگرد۔ ڈانسر
(۸)	پرساد	بھینسوں کا بیوپاری۔ فلم کو سیاست میں داخلہ کا شارٹ کٹ سمجھنے والا
(۹)	رام کھلاون	پرساد کا دوست
(۱۰)	شنکر راؤ	اسٹوری رائٹر
(۱۱)	گروگھنٹہ نند	پرساد کے گرو
(۱۲)	دیہاتی	خاندیس کے دیہات میں رہنے والا آدمی
(۱۳)	لڑکا	دیہاتی کا فلم کے شوق میں دیوانہ لڑکا
(۱۴)	انیل جیڈھا	رولنگ پارٹی کے وائس پریسیڈنٹ کا خوبرو بیٹا
(۱۵)	رچنا	فلم کی ابھرتی ہوئی ہیروئین
(۱۶)	جادھوراؤ	غنڈہ ٹائپ کانٹریکٹر

اور دوسرے کردار

نوٹ: باہر والا، انکم ٹیکس آفیسر، رام کھلاون، شنکر راؤ، گروگھنٹہ نند، دیہاتی، اس کا لڑکا، جادھوراؤ یہ چھوٹے چھوٹے کردار ایک یا دو اداکار ادا کر سکتے ہیں (مختلف میک اپ میں)

۱۰

(پردہ کھلتا ہے۔ ایک نوجوان اسٹیج پر کھڑا ہے۔ سارے اسٹیج پر اندھیرا ہے۔ صرف اس نوجوان پر روشنی ہے۔)

نوجوان: میں سُپر اسٹار ہوں... فلمی دنیا کا بے تاج بادشاہ۔ یہاں سورج میرے اشارے سے نکلتا ہے میرے اشارے پر غروب ہوتا ہے۔ میں دن کو رات کہتا ہوں تو دن رات بن جاتا ہے۔ رات کو دن کہتا ہوں تو رات دن بن جاتی ہے۔

(آواز آتی ہے.... راجو.... راجو۔ اسٹیج پر روشنی چھا جاتی ہے کروڑی مل اندر آتا ہے۔ نوجوان جس کا نام راجو ہے گھبرا کر سیٹھ کو سلام کرتا ہے۔)

کروڑی مل: دفتر صاف کرلیا؟

راجو: دیکھو آئینہ کے مافق چمک رہا ہے۔ جھاڑو مار کر صاف کردیا ہے۔

کروڑی مل: دیکھو فائنانسر پر اپنا رُعب جمنا چاہیے۔ دفتر کی چمک دمک دیکھ کر وہ رُعب میں آجائے گا۔

راجو: فائنانسر کون ہے سیٹھ؟

کروڑی مل: ہے تو بھینسوں کا بیوپاری مگر بہت کائیاں ہے۔ فلموں میں کام کرنے کا شوق ہے اور پیسہ بھی بھرپور ہے۔ وہ راضی ہوگیا تو سمجھو فلم بن گئی۔

راجو: سیٹھ! اپنے کو چانس دو نہ فلم میں۔

کروڑی مل: کوئی رول تیرے لائق نکلا تو ڈال دیں گے۔

راجو: ہیرو نہیں تو سائیڈ ہیرو۔

کروڑی مل: اپنا تھوبڑا دیکھا ہے آئینہ میں؟ بولتا ہے ہیرو نہیں تو سائیڈ ہیرو؟ ہماری اسٹوری ایک بھولے بھالے آدمی کی ہے اس رول میں وہ پرساد کمار فِٹ بیٹھ جائے گا۔

راجو: کون پرساد کمار؟

کروڑی مل: ارے وہ فائنانسر ——— دیکھو۔ میں ابھی ڈھنڈورچی کے ایڈیٹر سے مل کر آتا ہوں، اسے نئے ہیرو سے انٹروڈیوس کرنے کے لیے بلایا ہے۔ اگر درمیان میں وہ آگیا، تو بٹھا کر رکھنا ——— اور دیکھو۔ اس پر پورا امپریشن پڑنا چاہیے۔

راجو: یہ کام اپنے پر چھوڑ دو سیٹھ! بہت دیکھے ہیں ایسے تیس مار خان۔

(سیٹھ باہر چلا جاتا ہے اور راجو اپنے آپ میں کھویا ایکٹنگ کے نمونے دکھاتا رہتا ہے..... قدموں کی چاپ سن کر دوڑتا ہوا فون کی طرف جاتا ہے)

(فون اٹھا کر) ہلو ... امیتابھ جی! کب آئے آپ دلّی سے۔ جیا بھابی کیسی ہیں؟

(ہوٹل کا باہر والا آتا ہے)

راجو: (فون بند کرتے ہوئے) تو آگیا؟ آج سارا دن برباد ہوگیا۔

باہر والا: چائے لے کر آیا ہوں۔

راجو: چل لا ——— تو بھی کیا یاد کرے گا کہ ہم تیری چائے پیتے ہیں ——— بس اپنی فلم ریلیز ہونے دے۔

باہر والا: وہ تو ٹھیک ہے پر مالک نے تقاضہ کرنے کے لیے کہا ہے۔ بیس روپے اسّی پیسے کا بل ابھی تک نہیں ملا۔

راجو: ابے یہ فلم کمپنی کا دفتر ہے یہاں لاکھوں کروڑوں کی بات ہوتی ہے تو کہاں بیس روپے اسّی پیسے کی بات لے کر بیٹھ گیا ——— بھنکس! تیرے مالک کو یہ بھی معلوم نہیں ——— کہ فلمسٹاروں سے بل کیسے مانگا جاتا ہے۔

باہر والا: کون فلمسٹار؟

راجو: کون معنے؟ ارے میں۔ کیا میں تجھ کو فلمسٹار نہیں لگتا؟ بیٹے! ایک بار چانس مل جائے

سب کی چھٹی کردوں گا۔ ابھی تو دیکھا نہیں امیتابھ بچن فون پر تھا۔

باہر والا: (دلچسپی لیتے ہوئے) کیا کہہ رہا تھا؟

راجو: کہہ رہا تھا ڈیئر راجکمار....

باہر والا: کون راجکمار۔ وہ "وقت" والا؟

راجو: ابے گدھے! وہ تو بوڑھا ہوگیا۔ اب فلمی دنیا میں صرف ایک راجکمار ہے اور وہ ہے میں۔ لکشمن راجکمار۔

باہر والا: سناؤ سناؤ کیا کہہ رہا تھا امیتابھ بچن۔

راجو: کہہ رہا تھا ڈیئر راجکمار — اپنے کو وہ ایسے ہی پکارتا ہے — ڈیئر یعنی پیارے — کہہ رہا تھا تم فلم میں مت آؤ۔

باہر والا: پر کیوں؟

راجو: پر کیوں؟ لو — اور لو لو — ابے گھن چکر! میں فلم میں آگیا تو امیتابھ بچن کو کون پوچھے گا؟ ابے تو ہی بتا — یہ ایکٹنگ کا نمونہ دیکھ — ایکٹنگ کرکے بتاتا ہے) اب بول کس کا ایکٹنگ اچھا ہے۔

باہر والا: وہ کیا بات ہے استاد! امیتابھ کیسا بھی کرے گا نہ تو پبلک کو پسند آئے گا۔

راجو: ارے امیتابھ کے بچے! میرے آج کی طرف مت دیکھ — کل کی طرف دیکھ۔ کل یہ راجکمار فلم کمپنی کا چپراسی نہیں رہے گا — اس کمپنی کے مالک جیسے لوگ اُس کے چپراسی رہیں گے۔ بنگلہ ہوگا، گاڑی ہوگی — فون ہوگا — نوکر چاکر اور بغل میں ایک خوبصورت ہیروئن!

باہر والا: راجو بھیا! ہیرو بن کر ہم کو مت بھول جانا۔

راجو: کیسے بھولے گا تجھے! ارے تو نے مجھ کو اُدھار کا چائے پلایا — بلکہ مجھے چائے پلا پلا کر تو نے ایکٹر بنایا — اپن کا خون ٹیسٹ کرے گا نہ تو اس میں تیرا ہی چائے ہوگا پیارے۔

باہر والا: راجو بھیا! اپنی ایک نشانی دے کر رکھو۔ اگر اس وقت تم بھول گئے تو وہ نشانی دکھا کر تمہیں یاد دلادوں گا —

راجو: جا بیٹے! تو بھی کیا یاد رکھے گا — (میز سے ایک کاغذ اٹھا کر اس پر دستخط کر دیتا ہے)

لے اپنا آٹو گراف۔

باہر والا: کیا؟

راجو: اپنا دستخط یار! یہ دستخط نہیں کوراچیک ہے۔ کل اس کی قیمت ہوگی پانچ ہزار۔ لوگ ڈھونڈتے پھریں گے کہ سپر اسٹار کا پہلا آٹو گراف کہاں ہے؟ اور پہلا نہیں؟ وہ تو ہے پیارے۔ فلمی میگزین میں تیری بھی فوٹو چھپے گی اور ایک فوٹو چھپنے کے لیے تجھے ایک ہزار ملیں گے۔

باہر والا: سچی؟

راجو: پھر کیا جھوٹ۔ معلوم ہے آج امیتابھ کے ایک آٹو گراف کا کیا پرائز ہے؟

باہر والا: کیا ہے؟

راجو: دس ہزار ـــــ میں جب تک سپر اسٹار بن جاؤں گا مارکیٹ اور بڑھ جائے گا ـــــ بیس ہزار ـــــ

باہر والا: بیس ہزار؟

راجو: ہو سکتا ہے اس سے بھی زیادہ۔ جا بیٹے! تجھے ہم نے لکھ پتی بنا دیا۔

باہر والا: راجو بھیا! میں تمہارا احسان زندگی بھر نہیں بھولوں گا۔

راجو: اور وہ بیس روپے اسّی پیسہ۔؟

باہر والا: اپنی جیب سے بھر دوں گا۔

راجو: دیکھ ایسی بات نہیں ہے کہ میں بیس روپے اسّی پیسے نہیں دے سکتا۔ پر کیا کروں میرے پاس نوٹ ہیں اور وہ بھی ہزار ہزار کے۔

باہر والا: ہزار کے نوٹ؟ پر وہ تو بند ہو گئے نہ۔

راجو: باہر بند ہیں لیکن فلمی دنیا میں چالو ـــــ ابے! کالے پیسے کا نام سنا ہے؟

باہر والا: سنا ہے ـــــ نمبر دو کا نہ!

راجو: واہ بیٹے! بہت ہشیار ہے۔ یہی کالا پیسہ ہزار کے نوٹ میں دیا جاتا ہے۔

باہر والا: پر وہ لوگ یہ پیسہ رکھتے کہاں ہیں؟

راجو: باتھ روم کے اندر ــــ صوفہ کے نیچے ــ وغیرہ وغیرہ ــ اپنے کو کیا؟ جب اپنے کوٹ لے گا تب سوچ لیں گے ــــ اب دس بیس لاکھ روپیہ چھپانا کون سا مشکل کام ہے؟ تیرے پاس رکھا تو رکھے گا سنبھال کر؟

باہر والا: ہاں ہاں کیوں نہیں!

راجو: دوست وہی جو مشکل کے وقت کام آئے۔

باہر والا: اپن تو تمہارے واسطے جان لڑا دے گا راجو بھیا!

راجو: جان بعد میں لڑانا۔ اس وقت ایک چائے لے کر آ ــــ اور ہاں تیرے پاس دس روپے تو ہوں گے ہی۔

باہر والا: ہاں ہاں ہیں۔

راجو: تو ایک دس کا نوٹ نکال۔ ہزار کا چھٹا ملتے ہی دے دوں گا۔

(باہر والا دس روپے کا نوٹ نکال کر دیتا ہے)

راجو: ثابت ہو گیا کہ تو وفادار دوست ہے! جا میرے یار! سپر اسٹار کے واسطے ایک چائے لے کر آ ــــ ملائی مار کر ــــ تو اپنے ہاتھوں سے لائے گا تو پی لیں گے ــــ تو بھی کیا یاد کرے گا کہ کس ہیرو سے واسطہ پڑا تھا۔

(باہر والا دوڑتا ہوا جاتا ہے ــــ راجو ــــ امیتابھ کی تصویر کے پاس آ کر کہتا ہے)

راجو: جے امیتابھ بچن ــ بجے جیا بھادری ــــ دیکھ رہے ہو امیتابھ کل کے سپر اسٹار کی حالت۔ جیب میں پھوٹی کوڑی نہیں لاکھوں کی بات کرتا ہے ۔ کیا کرے گا؟ فلموں میں کام کے لیے اسٹرگل کرنے والوں کا یہی انجام ہوتا ہے۔ ہماری غلطی یہی ہے نہ کہ کسی بڑے اسٹار کے گھر پیدا نہیں ہوئے۔ بڑے اسٹار کے گھر پیدا ہوتے تو پیدا ہوتے ہی ایکٹر بن جاتے امیتابھ! تو کسی بڑے اسٹار کے گھر پیدا نہیں ہوا تو میرا دکھ درد جان سکتا ہے۔ اپنے راجو پر تم پکار کر دے یار! بنا دے اس کو ہیرو ۔ کب تک فلم کمپنی میں جھاڑو مارنے کی نوکری کرے گا؟ کب تک؟ جب تک ہیرو نہیں بن جاتا ــــ تو بھی یہیں ہے میں

بھی نہیں ہوں دیکھ لے نہ اپنی ضد ــــ

(باہر والا چائے لے کر آتا ہے)

راجو: (چائے پیتے ہوئے) واہ بیٹے! چائے تو طبیعت سے بنائی ہے اور ملائی بھی خوب ماری ہے۔

باہر والا: ہوٹل مالک کی نظر بچا کر ملائی ماری ہے۔

راجو: بھگوان کرے تیرا مالک اندھا ہو جائے۔ امیتابھ! دیکھ رہے ہو بھگتوں کے دُکھ! ارے تمہیں کیا نظر آئیں گے ــــ تم تو بڑے آدمی بن گئے ہو ــــ ایک باؤلی فلم انڈسٹری میں ایک فارین میں۔

باہر والا: اور باؤں بھی کتنے لمبے؟

راجو: اپنی اپنی قسمت ہے پیارے ورنہ کیا بجلی کا کھمبا بھی سپر اسٹار بن سکتا ہے؟

باہر والا: اوہ.... اوہ.... امیتابھ کو گالی! دیکھ راجو بھیا! امیتابھ کو کبھی بُرا مت کہنا۔ کوئی امیتابھ کو بُرا کہتا ہے تو مجھے بہت بُرا لگتا ہے۔

راجو: ٹھیک ہے.... ٹھیک ہے ــــ اب جا ــــ اور ہاں یاد رکھنا! اب میرے واسطے جب بھی چائے لائے گا ــــ ڈبل ملائی ــــ

باہر والا: ہاں.... ہاں.... اس میں کیا بڑی بات ہے۔

(راجو کمرے کی صفائی کرتا ہوا گنگناتا ہے.... آجا اب تو آجا.... میری قسمت کے خریدار ــــ)

(قدموں کی آہٹ سنائی دیتی ہے)

راجو: وہ فائنانسر کا بچہ آرہا ہے ــــ امپریشن ــــ (جاکر فون اٹھاتا ہے) کون امیتابھ! ارے کیسے ہو بھائی! جیا بھابی کیسی ہے؟

(ایک سفاری پہنا ہوا آدمی اندر آتا ہے۔ راجو اُسے بیٹھنے کا اشارہ کرکے فون پر بولنا جاری رکھتا ہے)

ہاں.... ہاں کہیے ــــ ۱۶ لاکھ؟ ــــ کم نہیں کر سکتے؟ بالکل میں چلے گئے ــــ

لیکن فلم اور پالٹیکس کا سمبندھ کیا ہے ــــ فلم جلدی بک جاتی ہے ــــ کیوں نہیں کیوں ــــ اس وقت تو سیٹھ باہر گئے ہیں۔ ان کے آتے ہی کہہ دوں گا ــــ آپ بے فکر رہیے۔ آپ کے لیے گیسٹ رول نکال لیں گے ــــ ضرور ــــ وعدہ ہے۔

(فون بند کرتا ہے)

راجو: (سفاری والے سے) معاف کیجیے۔ آپ کو انتظار کرنا پڑا۔

سفاری والا: سیٹھ کروڑی مل کہاں گئے؟

راجو: بینک گئے ہیں ــــ لاکر سے کیش نکالنے گئے ہیں۔

سفاری والا: لاکر سے کیش؟

راجو: اور کہاں سے نکالیں گے؟ گھر میں تو نہیں رکھ سکتے۔ ہر دم انکم ٹیکس والوں کا کھٹکا۔ پیسہ کماؤ اور چور بن کر رہو۔

سفاری والا: کیوں کیا آپ کے سیٹھ جی انکم ٹیکس نہیں بھرتے؟

راجو: بھرتے کیوں نہیں لیس نامینل ــــ باقی تو نقصان ہی دکھلاتے ہیں۔

سفاری والا: سیٹھ جی کے پاس بہت پیسہ ہے؟

راجو: بہت پیسہ؟ اجی اتنا ہے کہ اگر جلا دیں تو ایک ہفتہ تک جلتا رہے گا۔

سفاری والا: کتنے پیسے ہوں گے؟

راجو: بیس تیس لاکھ تو کیش ہی ہوگا۔ ہارڈ کیش ــــ اور باقی زیورات۔ بانڈز ــــ وغیرہ وغیرہ اجی ان کے اس دفتر کی دھول بھی جھٹکیں گے تو دھول کی طرح پیسے نیچے گریں گے۔ فلم کمپنی کا دفتر ہے مسٹر!

سفاری والا: اور آپ؟

راجو: اپنا انکم بہت کم ہے ــــ دس پانچ لاکھ روپے۔

سفاری والا: آپ بھی انکم ٹیکس بھرتے ہوں گے؟

راجو: ہاں ہاں بھر دیتے ہیں ــــ ہمارا انکم ٹیکس کنسلٹنٹ ہے۔ وہی سب گول مال کرتا ہے۔

(اتنے میں سیٹھ کروڑی مل آجاتا ہے ـــــ وہ آتے ہی راجو کو
کوئی کام کہہ کر باہر بھیج دیتا ہے)

کروڑی مل : (سفاری والے سے) فرمائیے۔

(ٹیلی فون کی گھنٹی بجتی ہے۔ کروڑی مل فون اٹھاتا ہے ـــــ ہلو
.... کیا؟ سیٹھ سلیمان مرگئے؟ دس بائی دس کی قبر کھود کر رکھوں..؟
کون میں؟ اجی یہ قبرستان نہیں سیٹھ کروڑی مل فلمز کا دفتر ہے۔)

(فون بند کرتا ہے)

کروڑی مل : (سفاری والے سے) فرمائیے۔

سفاری والا : میں....

(فون بجتا ہے۔ کروڑی مل فون اٹھاتا ہے)

کروڑی مل : کون تولارام جی ـــــ نمستے ـــــ اجی یاد ہے ـــــ فائنانسر مل گیا ہے ـــــ فلم شروع کر رہے ہیں۔ وعدہ یاد ہے ـــــ آپ کی ساری رقم واپس کر دیں گے ـــــ او کے۔ آدھی کیش آدھی چیک ـــــ بھروسہ رکھیے۔

(فون بند کر کے سفاری والے سے) فرمائیے!

سفاری والا : میں....

(فون پھر بجتا ہے)

کروڑی مل : کیا؟ اسٹوری رائٹر ایڈوانس مانگ رہا ہے ـــــ پر ابھی تو اسٹوری فائنل بھی نہیں ہوئی ـــــ فائنانسر آرہا ہے ـــــ کہانی پسند آتے ہی ایڈوانس دے دیں گے ـــــ بے فکر رہیے ـــــ اجی مجھے نہیں ـــــ فائنانسر کو کہانی پسند آنی چاہیے۔ اسٹوری آئیڈیا اسی نے دیا ہے۔ اس کے لیے تو وہ آرہا ہے فلم میں ـــــ پالٹیکس کا شوق ہے ـــــ کہتا ہے فلم پالٹیکس میں آنے کا شارٹ کٹ ہے۔ اپنے کو کیا؟ پالٹیکس میں جائے یا بھاڑ میں جائے ـــــ اپنا کام تو ہے فلم بنانا ـــــ اچھا اچھا ہے آپ کا نمبر دو کیش میں دے دیں گے۔

(اتنے میں راجو اپنے ہاتھ میں کچھ سامان اور چائے والے کو لے کر

آتا ہے۔)

کروڑی مل : ابھی سے لے آیا؟ وہ پرساد کمار ابھی آیا کہاں؟

راجو : نہیں آیا؟ (سفاری والے کی طرف اشارہ کر کے) یہ کون ہیں؟

کروڑی مل : ہوں گے کسی کمپنی کے ایجنٹ یا بیمہ ایجنٹ ۔۔۔۔ آجاتے ہیں سر کھانے ۔ کیوں صاحب! آپ کیوں آئے ہیں؟

سفاری والا : میں آپ کی تلاشی لینے آیا ہوں۔

کروڑی مل : کیوں؟ کیا ہم نے چوری کی ہے یا ڈاکہ ڈالا ہے؟

سفاری والا : یہ سب میں تلاش پوری ہونے کے بعد ہی کہہ سکوں گا ۔۔۔۔ یہ میرا آئی ڈینٹی ٹی کارڈ۔

کروڑی مل : انکم ٹیکس انسپکٹر! ۔۔۔ اوہ ... اوہ ... معاف کرنا۔

(باہر والا یہ سن کر بھاگ جاتا ہے)

سفاری والا : آپ نے اپنی آمدنی سے بہت کم انکم بتائی ہے اس لیے مجھے آپ کے اکاؤنٹس چیک کرنے ہیں۔ اور آپ کے دفتر اور گھر کی تلاشی لینی ہے ۔۔۔ گھر کی تلاش کے لیے دوسرا انسپکٹر گیا ہے۔

کروڑی مل : یہ خبر آپ پریس کو دیں گے؟

سفاری والا : ضرور دیں گے۔

کروڑی مل : تھینک یو ویری مچ ۔۔۔۔ میں آپ کا بہت شکر گزار ہوں۔ آپ نے میری کھوئی ہوئی ساکھ مجھے واپس دلادی۔ کل لوگ اخباروں میں یہ خبر پڑھیں گے کہ کروڑی مل فلمز کے دفتر اور گھر پر چھاپہ پڑا تو ساری انڈسٹری کو معلوم ہو جائے گا کہ سیٹھ کروڑی مل اب بھی اتنا ہی مالدار ہے جتنا پہلے تھا ۔۔۔۔ مرا ہاتھی بھی سوا لاکھ کا ہوتا ہے۔

(اس درمیان سفاری والا تلاشی کا کام شروع کر دیتا ہے اور الماری سے ایک مرا ہوا چوہا نکلتا ہے)

سفاری والا : یہ کیا ہے؟

راجو : الماری سے مرا ہوا چوہا نہیں تو کیا ہاتھی نکلے گا؟

(بیک گراؤنڈ میں میوزک بج رہا ہے اور سفاری والا کاغذات کتابیں اکاؤنٹ بکس دیکھ رہا ہے)

کروڑی مل: صاحب! آپ بہت تھک گئے ہیں۔ چائے....

انسپکٹر: نہیں...

(اتنے میں ایک خبطی سا آدمی ہاتھ میں نوٹ بک اور پنسل لیے اندر آتا ہے)

کروڑی مل: اوہ! جمشید جی! ڈھنڈورچی کے ایڈیٹر آپ آگئے۔

جمشید جی: (سفاری والے سے ہاتھ ملاتے ہوئے) تو یہ ہے آپ کا نیا ہیرو—

کروڑی مل: یہ.... یہ....!

جمشید جی: اجی میں نے ایک نظر میں پہچان لیا— اینٹی ہیرو کا زمانہ ہے— دلیپ کمار۔ دیو آنند کے دن لد گئے— اب اوم پوری۔ نصیر الدین شاہ کا زمانہ ہے— واہ! کیا ہیرو چن کر نکالا ہے— اس سے بدصورت آدمی سارے مارکیٹ میں نہیں— فلم ہٹ ہوجائے گی۔

سفاری والا: (غصے سے) میں....

جمشید جی: ارے بھئی! ہم پیپر والے ہیں گدھے کو گھوڑے کیسے بولے گا۔

سفاری والا: میں انکم ٹیکس انسپکٹر ہوں۔

جمشید جی: اور سائڈ میں فلم میں کام کرتا ہے کیا؟

سفاری والا: نہیں۔

جمشید جی: پھر یہاں کیوں آیا بابا؟

سفاری والا: میں اس دفتر کی "تلاشی لینے آیا ہوں۔

جمشید جی: ونڈرفل— انکم ٹیکس— ریڈ— سینسیشنل نیوز— دو کروڑ کتنا ملا؟

کروڑی مل: دس لاکھ لکھ دو۔

(جمشید جی اُچھلتا ہوا چلا جاتا ہے)

سفاری والا : دس لاکھ؟ یہاں تو دس روپیہ بھی نہیں ملا۔

کروڑی مل : کیسا ملے گا صاحب! یہ فلم انڈسٹری کی چمک دمک دیکھ کر سب ہی ایسا سمجھتا ہے کہ ہم لوگوں کے پاس لاکھوں روپے ہیں ـــ کچھ لوگوں کے پاس ہوں گے بھی ـــ لیکن سب کے پاس نہیں ـــ ہم اپنی جھوٹی شان برقرار رکھنے کے لیے چمک دمک دکھاتے ہیں۔ لاکھوں کی باتیں کرتے ہیں ـــ لیکن ہماری جیب میں پھوٹی کوڑی نہیں ہوتی۔

(سفاری والا تھک کر بیٹھ جاتا ہے)

کروڑی مل : راجو! تین چائے بول۔

(راجو چائے والے کو ساتھ لے کر آتا ہے۔ تینوں چائے پیتے ہیں۔ چائے پینے کے بعد پیالیاں واپس دیتے ہیں۔)

چائے والا : تین روپیہ۔

راجو : (سفاری والے سے) دے دو صاحب۔

سفاری والا : میں دوں؟ کیا تم مہمان سے چائے کے پیسے وصول کرتے ہو۔

راجو : مہمان سے نہیں مگر بن بلائے ہوئے مہمان سے ضرور ـــ اور صاحب! ہمارا کتنا ٹائم خراب ہوا۔ فلم انڈسٹری میں ایک ایک منٹ کی قیمت ایک ہزار روپے ہے۔

باہر والا : لاؤ صاحب! جلدی نکالو۔

(سفاری والا بڑبڑاتے ہوئے جیب سے پانچ روپے کا نوٹ نکالتا ہے اور باہر والے کو دیتا ہے۔)

راجو : دو روپیہ تیرا بخشش۔

(باہر والا پانچ روپے کی نوٹ لے کر اچھلتا ہوا باہر جاتا ہے اور اس کے ساتھ ساتھ سفاری والا بھی چلا جاتا ہے)

راجو : چلو یہ مصیبت تو ٹلی....

کروڑی مل : ارے یہ مصیبت نہیں تھی نعمت تھی ــــ اب دیکھ لوگوں پر اس بات کا کتنا امپریشن پڑتا ہے۔

(فون کی گھنٹی)

کروڑی مل : ہاں جی کروڑی مل ! ہاں صحیح خبر ہے۔ ریڈ ہوئی ہے ــ دس لاکھ ہارڈ کیش ــــ اٹھا کر لے گئے۔ ویسے نہیں پنچ نامہ کرکے ۔

(فون رکھتے ہی پھر گھنٹی بجتی ہے)

کروڑی مل : کون گپتا جی ! اجی نمستے .... جی ہاں ایسا ہوا ہے ــــ دس لاکھ ہارڈ کیش ــــ آپ کا قرض چکانا تھا اِدھر اُدھر سے جمع کیے تھے ــــ اب کیسے دے سکتے ہیں؟ تھوڑا دھیرج رکھیے۔ اِدھر اُدھر سے بندوبست ہو جائے گا..... بھگوان بہت بڑا ہے ــــ

(ڈانس ماسٹر گوپال کمر لچکاتے ہوئے اندر آتا ہے)

گوپال : جو سنا ہے وہ صحیح ہے؟ ــــ انکم ٹیکس کی ریڈ پڑی ہے یہاں۔

کروڑی مل : تمہیں کس نے بتایا؟

گوپال : ورما فلمز کے آفس میں پتہ چلا ــ ڈھنڈورچی والے نے انہیں خبر دی۔

کروڑی مل : ورما صاحب کیا بولے؟

گوپال : کہنے لگے کروڑی مل کے پاس پھوٹی کوڑی نہیں اور ریڈ کیسے پڑ گئی؟

کروڑی مل : اچھا تو وہ کروڑی مل کو فقیر سمجھتا ہے ــــ اس سے کہہ دینا کروڑی مل اب بھی کروڑپتی ہے۔

گوپال : کہتے ہیں دس لاکھ ضبط کر لیے۔

کروڑی مل : ارے بھول جاؤ ــــ پیسہ تو ہاتھ کا میل ہوتا ہے ــــ پھر کما لیں گے ــ تم سناؤ ــ ڈانس بٹھا لیا۔

گوپال : بالکل تیار ہے۔

کروڑی مل : اور روپا کہاں ہے؟

گوپال : باہر کھڑی ہے — کہہ رہی تھی اتنا بےضبط ہو گیا اب فلم کیسے بنے گی؟

کروڑی مل : اس سے کہو فکر مت کرو۔ فائنانسر میں نے ڈھونڈ لیا ہے — لیکن وہ ہے کہاں؟

گوپال : باہر کھڑی ہے۔

کروڑی مل : ارے تو بلاؤ اسے۔ ہماری فلم کی ہیروئین ہے بھئی!

(گوپال ماسٹر باہر جاتا ہے اور اس کے پیچھے پیچھے روپا آتی ہے)

روپا : سیٹھ جی! یہ کیسے ہو گیا؟

سیٹھ : تم فکر مت کرو روپا! فلم تو بنے گی ہی اور ہیروئین تم ہی رہو گی۔

روپا : اور ہیرو؟

سیٹھ : وہ کیا ہے — امیتابھ آج کل دلّی میں رہتا ہے — دلیپ آنند باہر کی فلمیں نہیں لیتا۔ متھن چکرورتی کو میں ایکٹر نہیں مانتا — اس لیے میں نے نیا ہیرو لینے کا فیصلہ کیا ہے۔ وہ فلم کا فائنانسر بھی ہے — بس آنے ہی والا ہے — دیکھو اسے قول میں اتارنے کا کام تمہارا ہے باقی کام میں کروں گا۔

روپا : یہ کام مجھ پر چھوڑ دیجیے۔

سیٹھ : اچھا — اب وہ ڈانس تو دکھا دو جو تم نے بٹھایا ہے — یس گوپال ماسٹر! ون ٹو تھری —

(گوپال ڈانس کے ایکشن سمجھاتا ہے اور روپا ڈانس کرتی ہے۔)

(ڈانس کے درمیان ہی ایک دھوتی اور جیکٹ پہنا ہوا آدمی اندر آتا ہے۔ اس کے ساتھ ایک آدمی اور ہے)

راجو : ارے — ارے کون ہو اندر گھسے چلے آ رہے ہو۔

سیٹھ : ارے بےوقوف! یہ پرساد کمار جی ہیں — ہمارے نئے ہیرو!

راجو : ساری!

پرساد : نمستے! ہمارا لباس ہی ایسا ہے کہ آدمی دھوکہ کھا جاتا ہے ـــــ یہ ہے ہمارا دوست رام کھلاون۔

رام کھلاون : ہمارا پرساد بھائی بی اے پاس ہے بی اے۔ اس کے کپڑے پر مت جاؤ۔ ہمارا گاؤں میں شرتریخ بھی تھا۔

سیٹھ : او ہو ـــــ تو آپ بی اے ہیں اور پہلے سے ہی پالٹیکس میں ہیں۔

پرساد : پالٹیکس تو ہمارے خون میں ہے ـــــ ہمارے پتاجی اس علاقہ کی ڈیلوپمنٹ بورڈ کے صدر تھے۔

سیٹھ : تب تو آپ خاندانی پالیٹیشین ہیں ـــــ اچھا اب آپ کو اپنے ساتھیوں سے ملواتا ہوں۔ سب سے پہلے ہماری ہیروئین روپا جی۔

(روپا ہاتھ ملانے کے لیے ہاتھ آگے بڑھاتی ہے)

پرساد : نمسکار دیوی جی! ہمارے لیے پرائی مہیلا ماں سمان ہے۔

راجو : اناڑی۔

پرساد : ہم پرائی استریوں سے ہاتھ نہیں ملاتے۔

راجو : جس دیش میں گنگا بہتی ہے۔

پرساد : اور تو اور، جب ہم گاؤں کی رام لیلا میں کام کرتے تھے.....

راجو : ہنومان کا؟

پرساد : نہیں راون کا ـــــ تب بھی سیتا ہرن کے سین میں سیتا مائی کو ہاتھ تک نہیں لگاتے تھے۔

راجو : کیا مہان وچار ہیں آپ کے!

رام کھلاون : آدمی ہی مہان ہیں۔

سیٹھ : بدھا رئیے ـــــ یہ ہیں گوپال ماسٹر ـــــ ڈانس ڈائرکٹر ـــــ اور یہ ہے راجو! اس آفس میں کام کرتا ہے۔

پرساد : بولتا بہت ہے ـــــ

راجو: بولوں گا نہیں تو پیٹ کیسے بھرے گا۔

سیٹھ: راجو! پرساد صاحب کے لیے چائے۔

رام کھلاون: ہمارے پرساد بھائی چائے نہیں پیتے۔

راجو: پھر کیا پیتے ہیں وہسکی۔

رام کھلاون: رام کا نام لے بھائی۔ پرساد بھائی نے شراب ابھی تک دیکھی بھی نہیں ہے۔

راجو: شراب بھی کوئی دیکھنے کی چیز ہے ارے بھئی! وہ تو پینے کی چیز ہے۔

رام کھلاون: یہ لڑکا بولتا بہت ہے۔

سیٹھ: ابے جا! ایک دودھ باقی چائے لے کر آ۔۔۔

(راجو باہر جاتا ہے)

پرساد: اسٹوری کیا ہے فلم کی؟

سیٹھ: اسٹوری رائٹر کو میں نے آج ہی بلایا ہے۔۔۔ آپ کا انتظار تھا بس۔
ابھی بلائے لیتا ہوں اور ساتھ میں ڈائرکٹر بھی۔

(سیٹھ فون کرتا ہے)

رام کھلاون: راج کارن اور ایکٹنگ میں ہمارے پرساد بھائی کا جواب نہیں۔ کیا سنائیں مہاراج! گاؤں کی راج نیتی میں بس سب طرف پرساد بھائی کے نام کے ڈنکے تھے۔ راج کارن ہے تو ان کی صلاح لو۔۔۔ ایکٹنگ کرو تو ان کی صلاح لو۔۔۔ ارے کیا بتائیں بھائی! ایک بار راون کے میک اپ میں اسٹیج سے نیچے آ گئے ایک لڑکی گھبرا کر بے ہوش ہو گئی۔

سیٹھ: واہ! جواب نہیں۔

رام کھلاون: اجی کیا جواب نہیں۔ ہر کام لاجواب۔

(باہر والا راجو کے ساتھ دودھ اور چائے گلاس میں لے کر آتا ہے)

رام کھلاون: اتنا سا دودھ! ارے بھیئے! یہ تو ایک گھونٹ کا ہے۔

سیٹھ: دو گلاس منگواؤں؟

رام کھلاون : ایک لیٹر منگاؤ مہاراج !

سیٹھ : ایک لیٹر ؟

رام کھلاون : اور نہیں تو کیا ایک چھٹانک !

سیٹھ : (باہر والے سے) ایک لیٹر دودھ لے آؤ۔

(باہر والا جاتا ہے)

رام کھلاون : پرساد بھائی رہتے تو شہر میں ہیں لیکن عادت سے پورے دیہاتی ہیں ـــــ ہاں مہاراج !

راجو : واہ سیٹھ جی ! کیا ہیرو ڈھونڈا ہے۔ جہاں جائے گا آگ لگا دے گا۔

(پرساد اپنی مونچھوں کو تاؤ دیتا ہے)

رام کھلاون : ہاں مہاراج ! ایسی فلم بناؤ کہ سارے بھارت دیش میں ڈنکا بج جائے۔ ہمارے پرساد بھائی کو فلم سے زیادہ پالیٹکس سے دلچسپی ہے۔ کہتے ہیں نہ کہ پالیٹکس میں جانا ہے تو فلم کا شارٹ کٹ مارو۔

سیٹھ : پالیٹکس تو ہم نہیں جانتے۔ فلم لیکن ایسی بنائیں گے کہ دیکھنے والے حیران رہ جائیں گے اور فلم کا تو صاحب ! معاملہ ہی ایسا ہے جتنی شکر ڈالو گے اتنی میٹھی بنے گی۔

رام کھلاون : پیسے کی پرواہ مت کرو مہاراج ! رام پرساد کے یہاں دودھ اور پیسے کی گنگا بہتی ہے۔ تنّو بھینسیں ہیں ہماری کیا سمجھے !

(باہر والا ایک لیٹر دودھ لے کر آتا ہے۔ رام پرساد وہیں بیٹھے بیٹھے دودھ پی جاتا ہے۔)

راجو : (گنگناتا ہے) چاہے کوئی مجھے جنگلی کہے ....

(اتنے میں اسٹوری رائٹر اور ڈائریکٹر آتا ہے۔ سیٹھ ان سے رام پرساد کو ملاتا ہے)

سیٹھ : شنکر راؤ ! اسٹوری سناؤ۔

شنکر راؤ : یہ کہانی ہے دیے کی اور طوفان کی ـــــ نیائے کے لیے انیائے سے

جنگ ــــ ہیرو ایک پہلوان ہے ــــ پہلے فوج میں کام کرتا تھا ــــ گاؤں میں آنے کے بعد کھیتی شروع کرتا ہے ــــ پہلے سین میں ہیرو پر کیمرہ ــــ کلوزاپ ــــ لانگ شاٹ میں کھیت ــــ مڈ شاٹ میں سورج ــــ سورج نکل رہا ہے ــــ ہیرو کا کلوزاپ ــــ ہیرو ہل چلا رہا ہے ــــ سورج کا کلوزاپ ــــ ہیروئین آتی ہے ــــ ناچتے ہوئے ــــ (روبا یہ سنتے ہی تھرکنے لگتی ہے) ــــ ہیروئین کا کلوزاپ ــــ (ڈائرکٹر انگلیوں سے کیمرہ کا اینگل بنا کر روبا کی طرف کرتا ہے) ــــ کیمرہ چاروں طرف گھومتا ہے ــــ (ڈائرکٹر انگلیوں کے اینگل سے چاروں طرف گھومتا ہے) ــــ لانگ شاٹ ــــ کیمرہ پھر گھومتا ہے ــــ زمین دار گھوڑے پر سوار آتا ہے ــــ مزدوروں کو دھمکاتا ہے ــــ لانگ شاٹ ــــ ہیروئین پر نظر پڑتی ہے ــــ کلوزاپ ــــ ہیروئین گھبرائی ہوئی ــــ بھاگتی ہے ــــ آگے آگے ہیروئین ــــ پیچھے پیچھے زمین دار ــــ ہوا چل رہی ہے ــــ شو ــــ شو ــــ سائیں ــــ سائیں ــــ پتے بج رہے ہیں ــــ ہیروئین بھاگ رہی ہے ــــ ہیروئین آگے، زمین دار پیچھے ــــ آسمان پر بجلی چمکتی ہے ــــ شوں ــــ بارش گرتی ہے ــــ زمین دار ہیروئین کو اٹھا لیتا ہے ــــ فیڈ آؤٹ۔

زمین دار کی حویلی ــــ ہیروئین بستر پر پڑی ہے ــــ کم کپڑے ــــ کیمرہ آگے بڑھتا ہے ــــ ہیروئین کی ٹانگیں ــــ اور آگے ــــ ہیروئین کی کمر ــــ اور آگے ــــ اور ایک دم اس کا گھبرایا ہوا چہرہ ــــ زمین دار کی حویلی میں ہیرو زبردستی گھس جاتا ہے ــــ اور ــــ کھڑکی کے کانچ توڑ کر اندر آتا ہے ــــ زمین دار کا ڈائیلاگ ــــ کون ہے ــــ؟ ہیرو کا ڈائیلاگ ــــ تیری موت!

زمین دار : جب گیدڑ کی موت آتی ہے تو وہ شہر کی طرف بھاگتا ہے ــــ تیری بھی موت آئی ہے۔

ہیرو: میں تیری موت بن کر آیا ہوں زمیں دار۔

زمیں دار ہنستا ہے ـــــ ہا ـــــ ہا ـــــ ہا ـــــ میری موت؟ ابھی پتہ چل جائے گا ـــــ کس کی موت ـــــ فلائیٹ سیل ـــــ ڈھشاؤں... ڈھشاؤں ـــــ ہیرو پر کیمرہ ـــــ ہیرو کہتا ہے ـــــ ایسے کمینے کو انسٹالمنٹ سے مارا جاتا ہے۔ ہیروئین پر کیمرہ ـــــ کلوزاپ ـــــ

ہیرو اپنا کوٹ اتار کر ہیروئین کو دیتا ہے ـــــ ہیروئین پر کیمرہ ـــــ اب ہیروئین صرف کوٹ پہن کر کھڑی ہے ـــــ کیمرہ نیچے آتا ہے ـــــ ننگی ٹانگ ـــــ کلوزاپ ـــــ چکنی جلد ـــــ کلوزاپ ـــــ پاؤں کی ایک ایک انگلی دکھا کر کیمرہ پھر اوپر آتا ہے ـــــ ہیروئین شرم سے تھر تھر کانپ رہی ہے ـــــ کیمرہ بھی اس کے ساتھ ساتھ ناچ رہا ہے ـــــ بیک گراؤنڈ میں میوزک ـــــ (منہ سے میوزک کی آواز نکالتا ہے) ـــــ ولین زمین پر پڑا ہے یعنی زمیں دار ـــــ ہیرو کا ڈائیلاگ ـــــ کتے! تجھے زندہ رہنے کی سزا دے رہا ہوں ـــــ ڈزالو ـــــ اگلے سین میں ہیروئین ہیرو کے ساتھ گھوڑے پر سوار۔

پرساد: پر گھوڑا کہاں سے آگیا؟

رائٹر: کرائے سے ـــــ فلموں کے لیے گھوڑوں کی کیا کمی؟ ـــــ تو ہاں ـــــ ہیرو پیچھے ہیروئین آگے۔

پرساد: نہیں ہیروئین کو پیچھے بٹھاؤ۔

رائٹر: او، کے بابا ـــــ پیچھے ـــــ تم بولے گا تو سر پر بھی بٹھا دوں گا ـــــ تو ہاں، ہیرو آگے ہیروئین پیچھے ـــــ اب ادھر کیمرہ کا مومینٹ چالو ـــــ کبھی کیمرہ ہیروئین کی ٹانگ پر ـــــ کبھی گال پر ـــــ کبھی بال پر ـــــ گھوڑا رکتا ہے ـــــ (منہ سے آواز نکالتا ہے) ـــــ ہیروئین بنجارن ہے ـــــ اس کا قبیلہ وہاں رکا ہوا ہے۔

پرساد: پر آپ نے تو پہلے کہا تھا کہ ہیروئین کھیت پر آتی ہے اور کام کر رہی ہے۔

رائٹر: وہ ہیروئین ہے، کہیں بھی آسکتی ہے کہیں بھی جا سکتی ہے ـــــ اس کو کون روکے گا

بھائی — !

پرساد : پر یہ بنجاروں کا قبیلہ -

رائٹر: اس کے سوائے سیکس کیسا آئے گا فلم میں — یہاں پر سب بنجارن بہت کم کپڑے پہن کر -

پرساد : بنجارن تو بہت زیادہ کپڑے پہنتی ہیں -

رائٹر: یہ فلم کا بنجارن ہے — فلم کے اندر گھونگھٹ ڈالنے والی عورت بھی سلیولیس بلاؤز پہنتی ہے — سیکس — اِٹ از ویری ایسنشیل (It is very essential)

پرساد: آئی نو — گو اَہیڈ (I know-go ahead)

(رائٹر حیرت سے پرساد کی طرف دیکھتا ہے)

رام کھلاون : ہمارے پرساد بھائی بی اے ہیں -

رائٹر : اچھا! — تو آگے بنجارن کا قبیلہ — دو آدمی آپس میں فائیٹ کر رہے ہیں —

پرساد : پر کیوں ؟

رائٹر: فائیٹ سین — فلم میں ہر دو سین کے بعد ایک فائیٹ سین ضروری ہے، ورنہ پبلک کو مزہ نہیں آتا — ہیروئین گھوڑے سے کودتی ہے — کیمرہ اس کی ٹانگوں پر سے چہرہ پر — دوسری بنجارنوں پر — ہیروئن کا باپ قبیلہ کا سردار ہے — اس کے ڈرادُنے چہرے کا کلوزاپ — "کس نے میری بیٹی کے ساتھ یہ کیا؟" — ہیرو: زمین دار نے تیری بیٹی کی عزت لوٹ کا مال سمجھ کر لوٹ لی ۔" اس ڈائیلاگ پر تالی پڑنا مانگتا۔

سیٹھ : ونڈرفل — وھاٹ اے پرفیکٹ ڈائیلاگ!

(سب تالی بجاتے ہیں لیکن پرساد خاموش رہتا ہے)

رائٹر: ہیروئین کا باپ کہتا ہے — ہم زمین دار کا نام و نشان مٹا دیں گے — کیمرہ سارے

قبیلے پر گھومتا ہے ـــــ اور پھر زمین دار کی حویلی پر حملہ ـــــ اگین زبردست مقابلہ۔ فائیٹ ـــــ کیمرہ گھومتا ہے ـــــ ہیروئین ندی کے اندر نہا رہی ہے ـــــ اور "پانی میں جلے میرا بدن" ٹایپ کا گانا گا رہی ہے۔

پرساد: اُدھر اس کا باپ زمین دار سے لڑنے گیا ہے ادھر یہ گانا گا رہی ہے۔

رائٹر: تو وہ کیا کرے گی؟ اس کا باپ اپنا کام کر رہا ہے ـــــ یہ اپنا کام کرے گی ـــــ ہیروئین کے فلم میں تین کام ہوتے ہیں ـــ ایک گانا ـــــ دُوسرا ناچنا اور تیسرا پانی میں بھیگنا۔

پرساد: آگے سُنائیے۔

رائٹر: آگے اور بھی زیادہ فائیٹ ـــــ زیادہ سیکس اور ڈُو اور سین کے بعد ہیرو کی ہیروئین سے شادی۔

پرساد: ہیرو کسان ہے اور ہیروئین بنجارن۔

رائٹر: فلم کے اندر ایک دم پرفیکٹ ایکتا ہے۔ کوئی بھی کسی سے کبھی بھی شادی کر سکتا ہے ـــــ اس کے بعد کلائمکس ـــــ زمین دار کے لوگ بنجاروں پر حملہ کرتے ہیں۔ زبردست مقابلہ ـــــ فائیٹ ـــــ ہیروئین گاتی ہے ـــــ "انصاف کی ڈگر" ہے۔

پرساد: یہاں پر گانا؟

رائٹر: اب پانچ گانوں کا کوٹہ تو پورا کرنا مانگتا ـــــ میوزک ڈائریکٹر کو کیا مفت پیسہ دینے کا ـــــ؟ آگے زبردست فائیٹ کے بعد ـــــ زمین دار مر جاتا ہے ـــــ اس کے لوگ بھاگ جاتے ہیں ـــــ اور ہیرو ہیروئین ایک دُوسرے کے ہاتھ میں ہاتھ ڈالے آگے بڑھتے ہیں ـــــ اور اس کے بعد دی اینڈ۔

سیٹھ: کیسی لگی کہانی۔؟

پرساد: ٹھیک ہے۔ چل جائے گی۔

ڈائریکٹر: آپ نے اِس سے پہلے فلم میں کام کیا ہے؟

پرساد: ایک ڈاکومینٹری فلم میں۔

ڈائریکٹر: کیا کام؟

رام کھلاون: اجی ساری فلم ان پر تھی ـــ بھینس کو نہلائیں تو یہ ـــ بھینس کو چارا کھلائیں تو یہ ـــ بھینس کا دودھ نکالیں تو یہ ـــ اس فلم کے تو یہ ہیرو تھے ـــ

ڈائریکٹر: (سیٹھ سے) ان کا اسکرین ٹیسٹ ـ

سیٹھ: لے لو بھئی ـــ لیکن فلم کے ہیرو تو یہی رہیں گے ـــ

ڈائریکٹر: ہیرو چُننا آپ کا پرابلم ہے ـ

سیٹھ: او، کے ـــ بعد میں ملتے ہیں ـ باقی معاملات اگلی ملاقات پر ـــ

(ڈائریکٹر اور رائٹر چلے جاتے ہیں)

سیٹھ: (گوپال ماسٹر سے) تم دونوں باہر جا کر چائے وغیرہ پی کر فریش ہو جاؤ ـــ اور راجو! تو ڈھونڈ کر جی کے ایڈیٹر کو بُلا کر لے آ ـــ

(گوپال ماسٹر ـــ روپا ـــ راجو چلے جاتے ہیں)

سیٹھ: اب بزنس کی بات ـــ (رام کھلاون کی طرف دیکھتا ہے)

پرساد: اپنا یار ہے ـ اس سے کوئی بات چھپی نہیں ـ

سیٹھ: اچھا ـــ

پرساد: فلم کا بجٹ بنایا ہے؟

سیٹھ: جی ہاں ـــ یہ ہے فلم کا بجٹ ـ

پرساد: میں اسے دیکھ لیتا ہوں اس کے بعد فائنانس کا انتظام کر دوں گا ـ ایک بات پہلے سے کلیئر ہو جانی چاہیے ـ نفع میں اَسّی پرسینٹ میرا ـ بیس آپ کا ـ

سیٹھ: بہت کم ہوتا ہے ـ

پرساد: میرا شیئر؟

سیٹھ: جی نہیں میرا ـــ

پرساد: دیکھو سیٹھ ـــ یہ بزنس ہے ـ آپ صرف نفع کے حصّہ دار ہیں نقصان کے نہیں ـــ نقصان ہوا تو میرا ـــ

سیٹھ: اجی نقصان کیسے ہوگا۔ اتنا زبردست سبجیکٹ ۔۔۔ اور آپ جیسا ہیرو ۔۔۔ آپ خرچ کے لیے ۔۔۔ کچھ رقم دے دیتے تو اچھا تھا۔

پرساد: (جیب میں ہاتھ ڈال کر پیسے نکالتا ہے) یہ دس ہزار روپے ۔۔۔ لیکن حساب لکھ کر رکھیے۔

سیٹھ: اجی! پائی پائی کا حساب دوں گا۔

رام کھلاون: ہمارے پرساد بھائی بی اے ہیں بی اے۔

پرساد: ہماری دھاانسو پبلسٹی ہونا چاہیے۔ فلم ہماری منزل نہیں۔ ہماری اصلی منزل ہے پالٹیکس ۔۔۔ ہم پارلیمنٹ تک جانا چاہتے ہیں ۔۔۔ لوگوں سے پہچان بڑھانے کا یہ ایک طریقہ ہے ۔۔۔ فلم میں اسی لیے گروجی کے مشورہ پر ہم پالٹیکس کے لیے آئے ہیں ۔۔۔!

سیٹھ: یہ گروجی کون؟

رام کھلاون: پرساد بھائی کے گرو ہیں۔ بھائی ہر بات اُن کے مشورے سے کرتے ہیں۔ انہوں نے کہا ۔۔۔ پرساد! تیرے پاس پیسہ ہے۔ ایکٹنگ ہے۔ جا بھینیا بن جا ۔۔۔ بعد میں نیتا ۔۔۔ گروجی کی کرپا رہی تو بھائی پارلیمنٹ میں ضرور جائیں گے۔

(گوپال ماسٹر اور روپا آجاتے ہیں)

سیٹھ: اوہ! تم لوگ آ گئے ۔۔۔ اچھا بیٹھ جاؤ ۔۔۔ ڈھنڈورچی کا ایڈیٹر جمشید بھائی آنے والا ہے۔ راجو اسے لینے گیا ہے۔

(ڈھنڈورچی کا ایڈیٹر ایک ہاتھ میں پنسل اور ایک ہاتھ میں نوٹ بک لے کر آتا ہے)

ایڈیٹر: اب کون سے ڈپارٹمنٹ کا ریڈ پڑا ہے؟

سیٹھ: ریڈ نہیں پڑا۔ جمشید بھائی! ہیرو مل گیا ہے۔

ایڈیٹر: گم ہوگیا تھا کیا؟

سیٹھ: نہیں! ہم نیا چہرہ ڈھونڈ رہے تھے۔

ایڈیٹر: مل گیا؟

(چاروں طرف دیکھتا ہے اور گوپال ماسٹر سے ہاتھ ملاتا ہے۔

"مبارکباد!"۔ گوپال ماسٹر ہکا بکا ہو کر چاروں طرف دیکھتا ہے)

سیٹھ: ارے ارے یہ نہیں ــــ یہ (پرساد کی طرف اشارہ کرتا ہے) مسٹر پرساد کمار!

ایڈیٹر: اینٹی ہیرو کا زمانہ ہے بھئی۔! آج کل آدمی کی خوب صورتی نہیں بد صورتی دیکھی جاتی ہے (پرساد سے ہاتھ ملاتا ہے) ہیلو مسٹر جیون پرساد!

سیٹھ: جیون پرساد نہیں رام پرساد۔

ایڈیٹر: اوکے ــــ بدری پرساد! اب میرے سوالات کے جوابات دو ــــ پہلا سوال تمہیں ہیرو بننے کا مشورہ کس نے دیا؟

پرساد: گرو جی نے۔

ایڈیٹر: انہیں آپ سے کیا دشمنی ہے؟

پرساد: کیا مطلب؟ وہ میرے گرو ہیں۔

ایڈیٹر: ٹھیک ہے گرو پرساد! لیکن انہوں نے ایسا مشورہ کیوں دیا؟

پرساد: انہوں نے رام لیلا میں میرا کام دیکھا تھا۔

ایڈیٹر: رام لیلا میں تم ایک بیک اسٹیج آرٹسٹ تھا یعنی پردہ گرانا وغیرہ وغیرہ۔

پرساد: میں نے راون کا رول کیا تھا۔

ایڈیٹر: کروڑی مل تم دھاڑمک فلم بنا رہے ہو؟

کروڑی مل: تھری ان ون ــ تھوڑا دھاڑمک ــ تھوڑا رومانی اور تھوڑا سسپنس۔

ایڈیٹر: مسٹر جیون پرساد! تم کو فلموں میں کام کرنے کا تجربہ؟

پرساد: ایک ڈاکومینٹری میں کام کیا ہے۔

ایڈیٹر: کس کے ساتھ؟

پرساد: بھینس کے ساتھ۔

ایڈیٹر: دھاٹ لے بیوٹی فل اکسپیرینس! بھینس کا اس فلم میں مین رول تھا کیا؟

پرساد: فلم ڈیری ڈیولپمینٹ نے بنائی تھی۔

ایڈیٹر: وھاٹ اے گریٹ اکسپیرینس! کروڑی مل! تمہاری فلم ہٹ ہوگئی۔ ابھی اخبار میں خبر فلیش کرتا ہوں۔

(فیڈ آؤٹ)

(دھیرے دھیرے روشنی پھیلتی ہے ـــ بیک گراؤنڈ میں اخبار والوں کی آوازیں ـــ "کل کا سپر اسٹار پرساد کمار" ـــ آج اس کی فلم "رام تیری گنگا اجلی" کا مہورت ـ گرو گھنٹہ نند کے ہاتھوں")

(گرو گھنٹہ نند نظر آتے ہیں ـ سر پر پگڑی ـ کوٹ اور ٹائی ـ پتلون کی بجائے دھوتی، گلے میں ایک گھنٹہ، منہ میں سگریٹ ـ اس کے پیچھے پیچھے پرساد کمار، کروڑی مل، راجو اور دوسرے ـ پرساد کمار کے گلے میں ہار ہیں۔)

پرساد: اب آپ تھوڑی دیر کے لیے گرو جی کو اکیلا چھوڑ دیجیے۔ انہیں آرام کی سخت ضرورت ہے۔

(سب باہر چلے جاتے ہیں)

گرو: بیٹا پرساد! یہ مہورت کا تماشہ دیکھا Horrible ـــ نان سینس ـ I tell you میرا یہ Experience بہت Wonderfull تھا ـ You know میں جب انگلینڈ میں تھا... میں نے ایک Film دیکھا تھا! Beutiful اس کے واسطے ہم تم کو بولا پرساد! تم Actor بنو، لوگ تم کو خود ہی Leader بنا دے گا ـ You know لیڈر کے اندر کیا qualities مانگتا ـ فرسٹ He should know his nuisance value (اس کو اس کا نیوسنس ویلیو یعنی دوسرے کو تکلیف دینے کی شکتی کا پتہ مانگتا) سیکنڈ اپنے سے Competition کرنے والے کو Finish کرنے کا Power مانگتا۔

پرساد: گرو جی! مجھے کچھ سندیش دیجیے!

گرو: بٹیا! Love اور Politics میں سب جائز۔ اپنا مطلب حاصل کرنے کے واسطے سب کچھ کرو، اور اپنا Nuisance Value یعنی دوسرا کو تکلیف دینے کی طاقت بڑھاؤ۔

پرساد: میں Politics میں آنے کے لیے کیا کروں؟

گرو: سب کچھ۔ ہر طرح سے اپنا Poblicity کرو۔ خود کو Super Star ڈکلیر کرو، یہ India کا پبلک ایسا ہے کہ News Paper میں چھپا ہوا ہر نیوز سچ سمجھتا ہے You know میں جب انگلینڈ میں تھا۔ ہمارا دل بولا India واپس آؤ، لوگوں کو Salvation یعنی مکتی کا راستہ بتاؤ۔ ہم اس کے واسطے انڈیا آیا ـــــ تمہارا جیسا Follower ملا، اگر گرو پر وشواس ہے تو تم کو ایکدم محل بچانا مانگتا ـــــ You know اس دنیا میں ہر چیز کا Price ہے۔ Pay the price اور ہر کام کر کے لو۔ Even ہر آدمی کا بھی Price ہے وہ بھی Pay کرو، اور آدمی Purchase کرو۔ گو اہیڈ بیسٹ آف لک سن....!

(پرساد گرو کے پیر چھو کر نمسکار کرتا ہے)

گرو: گاڈ بلیس یو سن! ـــــ اور ایک بات ـــــ انڈیا میں اناج کا فصل کم اور لیکچر کا فصل زیادہ۔ یہاں کا لوگ لیکچر اتنا پسند کیوں کرتا؟ تم کو لیکچر آتا؟

پرساد: آتا ہے...

گرو: تو سناؤ ـــــ ہم دیکھے گا ـــــ تمہارا لیکچر میں کتنا فورس ہے۔

پرساد: (گلا صاف کر کے) بھائیو اور بہنو!

آپ جانتے ہیں میں راج کارن میں کیوں آیا ہوں۔ اس لیے کہ مجھے جنتا کی سیوا کرنا ہے اور راج کارن جنتا کی سیوا کا سیدھا مارگ ہے۔

گرو: غریبی کے بارے میں بولو۔

پرساد: اس دیش کی بہت سی سمسیائیں ہیں ـــــ جیسے سینما ہال میں بالکنی۔ اسٹال اور لوور اسٹال کی الگ الگ سمسیا ہیں۔ اسی طرح ہمارے سماج میں اوپر کے لوگ ـــــ

مڈل کلاس اور جھونپڑی میں رہنے والوں کی الگ سمسیائیں ہیں۔ بڑے لوگوں کو آسانی سے کاریں نہیں ملتیں، مڈل کلاس والوں کو جلانے کا گیس نہیں ملتا اور غریبوں کو پیٹ بھرنے کا سادھن نہیں ملتا۔

گرو: غریبی دور کرنے کا طریقہ بتاؤ۔

پرساد: اگر آپ اس دیش سے غریبی ہٹانا چاہتے ہیں تو اس کا ایک حل ہے اور وہ ہے بھینس ـــ اگر ہر غریب آدمی اپنے گھر کے سامنے بھینس لا کر باندھ دے تو اسے اس بھینس سے دودھ ملے گا اور اس دودھ کو بیچ کر وہ پیسہ کمائے گا۔ اس سے غریبی دور ہو جائے گی۔ بھینس ہماری آشاؤں کا پرتیک ہے۔ بھینس ہماری امیدوں کا مرکز ہے ـــ بھینس بھینس ہے ـــ بھینس زندہ باد!

گرو: بھینس You mean بفیلو؟ ـــ مائی گاڈ! تمہارا اسپیچ ٹھیک نہیں۔ تم کو لیکچر دینے کا پریکٹس کرنا مانگتا ـــ تم کو اپنا بولنے کا پریکٹس کے واسطے کوئی ٹیوٹر مانگتا ـــ تم اپنا پریکٹس جاری رکھو ـــ اور سب سے پہلے اپنی فلم پر Concen-trate کرو ـــ تمہارا فلم بنے گا ـــ تم سپر اسٹار بنے گا۔ ہمارا blessing تمہارا ساتھ ہے۔

پرساد: جے گرو گھنٹہ بند ـــ

(گرو اپنے گلے میں پڑا ہوا گھنٹہ بجاتا ہے)

گرو: اب ہمارا ٹائم ختم ـــ تم اپنا کام کرو۔

(پرساد گرو کے پیچھے پیچھے چلتا ہے)

گرو: اوہ نو ـــ تم اپنا کام کرو ـــ ہم اپنا کام کرے گا۔

(گرو کے جاتے ہی کروڑی مل، راجو، رام لکھاون سب آجاتے ہیں)

رام لکھاون: گروجی بہت خوش ہو کر گیا ـــ آشیرواد تو دیا ہوگا۔

پرساد: گروجی بولے ـــ تیری منزل فلم نہیں دلی ہے۔

راجو: دلی ـــ کیا آپ بھی دلی رہنے چلے جائیں گے۔

پرساد: اب دلّی میں پارلیمنٹ کا ممبر بننے کے بعد جاؤں گا۔

راجو: اگر آپ چلے گئے تو اس انڈسٹری کا کیا ہوگا؟

پرساد: ہم انڈسٹری سے بھی تعلق رکھیں گے۔

راجو: لیکن آپ تو پارلیمنٹ کے ممبر بننے والے ہیں۔ ایم پی کو تو دلّی میں ہی رہنا پڑتا ہے۔

پرساد: کیوں؟

راجو: پارلیمنٹ میں جانا پڑتا ہے روز۔

پرساد: کس گدھے نے تمہیں یہ معلومات دی؟ ارے بھئی! پارلیمنٹ کا ممبر پارلیمنٹ میں صرف دو بار جاتا ہے ـــــ ایک راشٹرپتی کا بھاشن سننے اور دوسری بار ایک تاریخ کو تنخواہ لینے۔

راجو: کیا مہان وچار ہیں آپ کے ـــــ آپ پارلیمنٹ کے ممبر بن گئے تو اس دیش کا کیا ہوگا ـــــ؟

پرساد: دیش کا کیا ہوگا یہ بعد میں سوچا جائے گا ـــــ پہلا سوال یہ ہے کہ ہمارا کیا ہوگا ہمارے نام کے ساتھ ایم پی کی اُپادی لگ جائے گی۔ ہم کو فرسٹ کلاس کا پاس ملے گا اور دلّی میں رہنے کو بنگلہ ملے گا۔

راجو: فون، نوکر، بھتّہ یہ الگ۔

پرساد: کسی کمیٹی کا ممبر۔ کسی ڈیلیگیشن کے ساتھ فارین کی ٹُور۔

رام لکھاون: پھر تو مزے ہوں گے۔ ہم بھی آپ کے ساتھ سارا دیش گھومیں گے۔

پرساد: ایم پی کے ساتھ ایک اٹینڈنٹ کا پاس بھی ہوتا ہے۔

رام لکھاون: ہم تو ٹھہرے شری رام کے بھگت۔ جہاں پربھو رام وہاں ہنومان۔

راجو: جے ہنومان! جے بجرنگ بلی!

کرودڑی مل: پرساد جی! پہلے فلم بعد میں پالیٹکس ـــــ ڈانس کی پریکٹس کیجیے ـــــ گوپال ماسٹر ـــــ بریک ڈانس!

(گوپال ماسٹر بریک ڈانس کی اسٹائیل بتاتا ہے اور پرساد

ڈانس کرنے لگتا ہے۔ اس کے ساتھ رُوپا بھی ڈانس کرتی ہے۔
راجو بھی شامل ہو جاتا ہے اور رام لکھاون اپنے انداز میں ڈانس
کرتا ہے)
(ایک دیہاتی ایک پاگل سے لڑکے کے ساتھ اندر آجاتا ہے ۔۔۔
بریک ڈانس جاری ہے)

دیہاتی : ارے! یہ کیا تماشے لگائے؟ تم سے محرّم کے باگ اچھے۔ ٹنگڑا اٹھائے کے ڈانس ہو گیا۔ کون سا ڈانس نکالے رے یہ؟

(ڈانس رک جاتا ہے)

کروڑی مل : کون ہیں آپ؟

دیہاتی : لو بولو۔ کون ہیں آپ؟ ارے عجیب جمبئی کا گدی کو نہیں پہچانتا؟

کروڑی مل : کون ہے وہ؟

دیہاتی : کون ہے وہ؟ ارے وہ میں ۔۔ سارا خاندیش اپن کو جانتا اور تو نہیں پہچانتا۔ بولتا کون؟

کروڑی مل : اچھا ۔۔ اچھا ۔۔ کیا کام ہے؟

دیہاتی : کام نیئں نہ دھام نیئں ۔ ارے بادا میرے پوریا کو لے کر آیا ۔۔۔ یہ میرا راجہ۔ منّت مرادوں کا۔

کروڑی مل : کیا بات ہے؟

دیہاتی : کیا اڑے پتا کے باتاں! ڈاکٹر بولتا میرا راجہ چک گیا ۔۔ میرے کو تو لگتا۔ تو بھی چکیلا رہے ہے۔

کروڑی مل : چکیلا؟ کیا ہے یہ؟

دیہاتی : ارے بادا! چکیلا یعنے اڑا ۔۔ (ہاتھ سے انگلی گھما کر دکھاتا ہے)

کروڑی مل : تو یہاں کیوں لے آئے؟ کسی پاگل خانے میں لے کر جائیے۔

دیہاتی : میرے منّتوں مرادوں کا بیٹا نہ بولتا پاگل خانے میں لے جاؤ۔ تیرے کو بولنے کو گیا

لگتا باوا! پیٹ کا گولا ہے۔

کروڑی مل: ٹھیک ہے — اگر پاگل خانہ میں نہیں ہے کرجاتے تو کسی ڈاکٹر کو دکھایئے۔

دیہاتی: کائے کا ڈاکٹر نہ کائے کا ڈاکٹر — ڈاکٹر بولا وہ جیسا بولے ویسا چ کرنا۔ رات دن بولتا — امیتابھ بچن فمیتابھ بچن — دھرمیندر ورمیندر — بولتا میرے کو بتاؤ وہ لوگ۔

کروڑی مل: آپ امیتابھ بچن کے یہاں جایئے۔

دیہاتی: ایڑا کیا کھڑا رے تو! پہلے ولی تو لے گیا۔

کروڑی مل: پھر کیا ہوا — ملا امیتابھ بچن؟

دیہاتی: وہ کائے کا ملتا! وہ تو گیا نہ دلی۔

کروڑی مل: پھر یہاں کیسے آگئے؟

دیہاتی: امیتابھ کا بیٹے والا بولا — آج ایک نیا ہیرو کی فلم کا مہورت ہوا۔ پرساد کمار کہ پھر سات کمار — کون ہے رے وہ؟

کروڑی مل: (پرساد کی طرف اشارہ کر کے) یہ —

دیہاتی: کس نے بنایا رے اس کو ہیرو! اس کا تھوبڑا دیکھنے کے واسطے کیا لوگ پیسہ خرچ کریں گے؟ ارے ٹھیکٹ میں مینگا ہے۔ دیکھ رے لوریا! تیرے کو ہیرو دیکھنا تھا نہ — دیکھ لے باوا! میں بولا رانی باغ میں چل تیرے کو لنگور بتاتا — تو بولتا نہیں میرے کو ہیرو بتاؤ۔ پرساد کمار کہ فرسات کمار —

لڑکا: باوا! میرے کو امیتابھ بتاؤ۔

دیہاتی: ارے اب امیتابھ نئی ہے تو کیا میں دوسرا پیدا کروں؟ اس کو چ دیکھ لے نہ باوا! اب بندر کی صورت کا کیا گھبڑ کی صورت کا — ہیرو نہ —

لڑکا: میرے کو امیتابھ ہونا۔

دیہاتی: ارے کائے کا امیتابھ نہ کائے کا فمیتابھ — ساری دنیا کو معلوم امیتابھ کو کیسے جان سے ملا — اہے اپڑے! اُنے اندرا گاندھی کی چٹھی لایا تھا — تیرے

کو بھی راجو گاندھی نے چھٹی دیا نہ تو تیرے کو بھی ہیرو بنادیں گے — جھک مار کے کام دیں گے تیرے کو!

لڑکا: پھر اس کو امیتابھ جیسا ناچنے کا بولو — ناچ رے ہیرو —!

راجو: ارے! یہ تو اپنے آپ کو گبر سنگھ سمجھ رہا ہے — ناچ بولے تو ناچ شروع۔

دیہاتی: ارے کائے کا گبر سنگھ نہ کائے کا ببر سنگھ — ہمارے ایڑے بیسیا کا نام سُنے کیا؟ ایسا بولتا ہے کو بس۔

لڑکا: بولو نہ باوا ناچنے کا۔

دیہاتی: ناچ دے رے باوا! میرا منتوں مرادوں کا پورریا — تھوڑا سا ناچ دیں گے تو کیا تمہارے پاؤں گھس جائیں گے؟ میرا سونے جیسا پوریا سلیما کے پائیرو جگ گیا۔

لڑکا: پول دوں کیا باوا؟

دیہاتی: کیا رے۔

لڑکا: ماں کیا بولتی؟ ثریا خالہ کی بھانگرڈ — باوا! ماں بولتی میرے کو چیکیلاپن باپ سے ملا — باوا! تمہارے پاس ثریا خالہ کی فوٹو نہیں تھی۔

دیہاتی: اس کی نئی رہتی تو کیا تیری خالہ کی رہتی۔ گھبٹر کی خاندان کی۔

لڑکا: (آواز بڑھا کر) ابا بولتے کیا ناچنے کا نہیں تو میں ابی کودی مارتا موٹر کے نیچے۔

دیہاتی: ارے! میں کب سے بول رہا — کن تم کھڑے؟ میرے منّت مرادوں کے پوریا کے کچھ ہوتا نہ تو ہے مٹی کا پن بھر دل گا سونا — ناچو —

کروڑی مل: بچّے کا دل رکھنے کے واسطے ناچ دیجیے — گوپال ماسٹر! ون ٹو تھری۔

(گوپال ماسٹر ڈانس کی ایکشن سمجھاتا ہے اور سب ناچنا شروع کر دیتے ہیں۔ پاگل لڑکا بھی ان کے ساتھ ناچ میں شامل ہو جاتا ہے۔ روپا کے وہ نزدیک سے نزدیک آنے کی کوشش کرتا ہے اور روپا دوڑ دوڑ بھاگتی رہے۔)

کروڑی مل: کیوں جناب! کیسا رہا ڈانس؟

ایک اور سپر اسٹار (ڈراما) قاضی مشتاق احمد

۴۰

دیہاتی : کائے کا ڈالنس نہ کائے کا فالنس ـــ کیا لگلئے بادا! چھوڑدو ـــ کائے کے ایکٹر لاتے تم ـــ ارے میں تو آدوکوچ ایکٹر مانتا ـــ ایک سائیکل انا دوسرا دلیپ کمار ـ کائے کا پرساد کمار نہ کائے کا فرسات کمار ـــ چل بیٹا! تیرے کو رانی باغ میں لنگور بتاتا ـ

لڑکا : نئی میرے کو انگلش پھلم کے مافق سین بتانے کا بولو ـ

دیہاتی : انگلش پھلم کا سین؟ تیرے بادا نے بھی دیکھی تھی کیا رے؟

لڑکا : بھول گئے کیا ـــ اپن دونوں نے دیکھے تھے نہ ـــ وہ گوری عورت اٹھائی منہ کے گال کو لگائی اور وہ گورا مرد ـــ اٹھایا منہ کے گال کو لگایا ـ کتی سیا کرتے بادا! عورت مرد انگلش پھلم میں ـ

دیہاتی : ارے! بولتا انگلش پھلم! ارے ـــ تیری ماں کو بلاؤں کیا رے میرا مکو لینے کو ـ

لڑکا : (روبا کی طرف اشارہ کرکے) اس کو بولو نہ بادا!

کروڑی مل : اب حد ہو گئی ـ اب آپ جائیے ـ

دیہاتی : ارے! تیری کیا چھاتی پر کھڑے ـ مٹھی بھر ہڈیاں ادھر پڑے کیا نہ ادھر پڑے کیا ـ چل رے بیٹا! تیرے کو رانی باغ میں بندر دکھاتا ـــ

لڑکا : میرے کو اس کاچ مکو دیکھنے کا ـ

دیہاتی : لگاؤں کیا رے نشانے چل! ارے! یہ عورتا شانے کا مکو نہیں لیتے تو کیا اپڑے کالے گے ـ

(کھینچ کر پاگل لڑکے کو باہر لے جاتا ہے)

پرساد : کیا مصیبت تھی بابا! پریشان کر دیا ـ

راجو : آپ کو تو خوش ہونا چاہیے ـ آپ کے ابھی سے فین آنے لگے ہیں ـ

رام لکھاوَن : ہمارے پرساد بھائی کا ایسا ج ہے ـــ جدھر گیا ادھر اس کو لیسند کرنے والے ـ ہمارے گاؤں میں نہ تو ہر ایک کے گھر میں پرساد بھائی کا فوٹو ـ

راون کے میک اپ میں۔

راجو: اب تو رام پرساد جی کا فوٹو ہیرو کی صورت میں ہر جگہ ہوگا۔

کروڑی مل: ہر اخبار ــــ ہر رسالے میں ایک ہی نام ــــ پرساد کمار ــــ کل کا سُپر اسٹار۔

(کچھ ایسے سین دکھائے جائیں جن سے یہ ظاہر ہو کر فلم بن رہی ہے۔)

(کروڑی مل کی آفس میں بہت سے ڈسٹری بیوٹر بیٹھے ہیں)

کروڑی مل: فلم تو پسند آئی آپ لوگوں کو ــــ؟ اس کا پری دیو آپ نے دیکھا ہے کیسی لگی؟

ایک: (پارسی لہجہ میں) واٹ اے ہاریبل ہیرو یار! پھلم میں کام کرتا کہ میدان میں ڈنڈا پلاتا ــــ ہیروئین کے پیچھے ایسا بھاگتا ــــ جیسے بھینس کے پیچھے بھاگتا ہے۔

دوسرا: (سندھی لہجہ میں) وڈیں پھلم ریلیز ہوا تو اس کا کیا گارنٹی کہ لوگ سینما ہال کی کرسیاں نہیں توڑیں گے ــــ؟ پھلم لگانے سے پہلے سینما اونر کو سینما کا انشورنس کرانے مانگتا۔

تیسرا: (بمبئی کی زبان میں) کاسے کو پکڑ کر لائے ہیرو!

چوتھا: (حیدرآبادی زبان میں) اور بنڈلا کیا بھیکتا کر کل کا سُپر اسٹار ــــ کائے کا آیا جی سُپر اسٹار؟ بنڈل اسٹار۔

کروڑی مل: آپ لوگ غلطی کر رہے ہیں ــــ فلم ایسی بنی ہے کہ ہر جگہ کامیاب ہوگی۔

ایک: (پارسی لہجہ میں) تو خود ہی چلانہ بابا! ہمارے گلے میں کیوں مارتا؟ چلو رے بابا، چلو ــــ ہم کو پھلم بھی نکو اور اس کا کامیابی بھی نکو۔

(سب چلے جاتے ہیں۔ کروڑی مل سر کو ہاتھ لگا کر بیٹھتا ہے)

پرساد: (آہا ہے) کیا ڈسٹری بیوٹروں کو فلم پسند آئی؟

کروڑی مل: فلم تو پسند آئی — لیکن

پرساد: لیکن کیا — ؟

کروڑی مل: معاف کرنا — آپ انہیں پسند نہیں آئے۔

پرساد: لیکن آپ تو کہہ رہے تھے فلم ہر جگہ ہنگامے مچائے گی اور میں نمبر ون کا ہیرو بن جاؤں گا۔ میں نے پیسہ پانی کی طرح بہایا ہے۔

کروڑی مل: پیسہ بہانے سے کیا ہوتا ہے؟ آپ نے جیسا کہا میں نے فلم بنائی۔ آپ نے زبردستی بیچ میں لیڈری اور بھاشن بازی کا سین ڈال دیا میں نے اعتراض نہیں کیا — آپ نے بھینس بچھڑے کو دودھ پلا رہی ہے یہ سین ڈالا میں خاموش رہا۔ اب اس فلم میں اس کی کیا ضرورت تھی!

پرساد: ضرورت تھی — بھینس میرے لیے لکی ہے۔

کروڑی مل: تو اُسے اپنے گھر میں رکھیے۔ فلم کے پردے پر کیوں؟

پرساد: میں کچھ نہیں جانتا۔ فلم بن گئی ہے اسے ریلیز ہونا چاہیے — کچھ بھی کرو — زبردست پبلسٹی کرو — اور پیسہ خرچ کرو — بولنے والے کی مٹی بھی سونے کے بھاؤ بک جاتی ہے۔

کروڑی مل: آپ فکر مت کیجیے — فلم ضرور ریلیز ہوگی — پہلا شو کسی چیریٹی کام کے لیے رکھیے — فلم دیکھنے کے لیے ماب وہی لوگ جمع کر لیتے ہیں۔

(روشنی صرف ایک ریڈیو پر ہے۔ ریڈیو سے فلم "رام تیری گنگا اُجلی" کا اشتہار —

"کل کے سپر اسٹار — پرساد کمار کی فلم "رام تیری گنگا اُجلی" زبردست ایکشن — رومانس — ناچ گانے — ہنسی کا ہنگامہ۔ آج ریلیز ہو رہی ہے دیکھیے — کل کے سپر اسٹار کو

آج دیکھیے۔")

(اسٹیج پر اجالا پھیلا جاتا ہے۔ آفس میں راجو اور کروڑی مل موجود ہیں۔)

کروڑی مل: پریس والوں کو پریمیئر کے پاس بھیج دیے؟

راجو: ہاں جی!

کروڑی مل: منسٹر صاحب کو جو پریمیئر میں آنے والے ہیں؟

راجو: انہیں بھی خاص دعوت نامہ کے ساتھ دیا ہے۔

کروڑی مل: اب آرٹسٹوں کو پاس دینا باقی ہے۔ صرف لیڈنگ کو دینا۔

راجو: اور چھوٹے موٹے کلاکار؟

کروڑی مل: چند ایک کو دے دو۔ باقی لوگوں کو کل۔

راجو: باہر والا بھی پاس مانگ رہا تھا۔

کروڑی مل: دے دو۔

راجو: اور وہ نکڑ کا پان والا۔

کروڑی مل: اس کو کل دینا ___ اب تو فری پاس پر ہی تھیٹر فل کرنا پڑے گا۔ پرساد کمار خود ٹکٹ خرید کر ہاؤس فل کرنے والا ہے روز لوگ جمع کرنا پڑیں گے۔

راجو: فٹ پاتھ کے لوگ بھی آج کل بھاؤ کھانے لگے ہیں۔ کہتے ہیں چائے پانی کا انتظام کرو تو مفت میں فلم دیکھنے آئیں گے۔

کروڑی مل: گھر کی بھینسیں ہیں ہیرو کی۔ چائے پانی کا انتظام بھی ہو جائے گا۔

(ریڈیو سے اشتہار:
"کل کے سپر اسٹار کو آج دیکھیے۔ پرساد کمار۔ پرساد کمار ___ نئی فلم "رام تیری گنگا اجلی" ___ ایکشن۔ ناچ۔ گانے ہنسی کا ہنگامہ)

کروڑی مل: راجو! میں بہت نروس ہو رہا ہوں۔ پتہ نہیں لوگ اس نئے ہیرو کو پسند کرتے

ہیں یا نہیں۔ اگر لوگوں کو ہیرو پسند نہیں آیا تو تھیٹر میں ہنگامہ ہو جائے گا لوگ کرسیاں توڑ دیں گے۔ میری بھی پٹائی کردیں گے۔

راجو: ہمت سے کام لو سیٹھ۔

کروڑی مل: ہمت سے کام لے کر میں تھیٹر آرہا ہوں۔ مہمانوں کا سواگت — ہاد بھول — فوٹو سیشن میں میں حاضر رہوں گا لیکن فلم شروع ہوتے ہی یہاں واپس آجاؤں گا — تو مجھے فلم شروع ہونے کے ۳۵ منٹ بعد فون کرنا — کہ لوگوں کی کیا ری ایکشن ہے۔

راجو: جی ہاں!

کروڑی مل: اور ہیرو کی حفاظت کرنا — اگر لوگوں نے اس پر حملہ کردیا تو پولیس کی مدد سے اُسے باہر نکال لینا۔ میں پولیس بندوبست کا بھی انتظام کرتا ہوں۔

راجو: اور وہ اس کا گرو! اگر وگھنٹہ نند وہ بھی پریمیئر میں آنے والا ہے۔

کروڑی مل: اس کی فکر وہ کرلے گا۔

(فیڈ آؤٹ)

(اسٹیج پر روشنی پھیل جاتی ہے۔ کروڑی مل باہر سے اندر آتا ہے)

کروڑی مل: اوہ! بھگوان! میری لاج رکھ لینا۔ میں نے غلط آدمی کو ہیرو بنا کر بھول کی۔ پیسہ تو اس کا ہے — پر — نام میرا ہے۔ لوگ میرے نام پر فلم دیکھنے آئیں گے۔ اور پسند نہیں آئی تو .... اوہو! — چلو فلم شروع تو ہوگئی۔

(فون کی گھنٹی بجتی ہے۔ کروڑی مل فون اٹھاتا ہے)

کروڑی مل: راجو! ہاں ہاں بولو .... ۳۵ منٹ میں ایک بھی تالی نہیں — لوگ خاموشی سے فلم دیکھ رہے ہیں — اس کا مطلب ہے فلم فلاپ — اوہ! بھگوان! دیکھ انٹرول سے پہلے ہیرو کو باہر نکال لینا — ارے .... ہلو .... ہلو .... لو فون کو بھی آج ہی ڈیڈ ہونا تھا — (فون پٹخ دیتا ہے)

۴۵

(اسٹیج پر روشنی گھوم رہی ہے اس سے یہ بتانا ہے کہ وقت گزر رہا ہے۔ رات کے دس بجے کے گھنٹے سنائی دیتے ہیں۔)

کروڑی مل: شو تو ۹ بجے ختم ہو گیا ہو گا۔ ابھی تک کوئی نہیں آیا؟ کہیں لوگوں نے ہیرو کی اتنی پٹائی تو نہیں کی کہ ہاسپٹل میں بھرتی کرنا پڑا ـــــ کہتا تھا اُس سے ـــ ارے بھائی! اپنے بھینسوں کا دھندا اچھا ـــــ یہ تو آ بیل سینگ مار والی بات ہوئی ـــ بھگوان میری رکشا کرنا ـــــ میں کسی کو منہ دکھانے کے قابل نہیں رہا ـــــ

(فون اٹھا کر دیکھتا ہے ـــ "اوہو! ابھی تک ڈیڈ ہے۔"
فون پھر پٹخ دیتا ہے ـــــ باہر شور سنائی دے رہا ہے)

کروڑی مل، کیسا شور ہے؟ شاید لوگ یہاں تک پہنچ گئے؟ اب میری جم کر پٹائی کریں گے۔ کروڑی مل! تیری عقل مار کھا گئی تھی کہ یہ بھینسے کو لے کر فلم بنائی۔

(ٹیبل کے نیچے چھپ جاتا ہے)

(راجو گھبرائی ہوئی حالت میں دوڑتا ہوا اندر آتا ہے)

راجو: سیٹھ! ... کہاں ہے؟

سیٹھ: (ٹیبل کے نیچے سے) کیا ہوا فلم فلاپ ہو گئی ـــ میں تو پہلے کہتا تھا۔

راجو: فلم ہٹ ہو گئی سیٹھ! ـــــ باہر نکل ـــــ کیا زبردست رسپانس ملا ہے فلم کو ـــــ ۴۰ منٹ کے بعد فلم کے ہر سین پر پبلک خوش ـــــ ہیرو کی ہر انٹری پر تالی ـــــ زبردست تالی ـــــ فلم ختم ہوتے ہی لوگوں نے ہیرو کو گھیر لیا ـــــ اس کی چاروں طرف جے جے کار ہو رہی ہے ـــــ لوگ تو اُسے ابھی سے سُپر اسٹار کہنے لگے ہیں۔

(سیٹھ ٹیبل کے نیچے سے باہر نکلتا ہے۔ پرساد کمار اندر آتا ہے۔ اس کے گلے میں ہار ہے۔ اس نے سوٹ پہن رکھا ہے۔ اس کے پیچھے "جے جے کار" کرنے والوں کا ہجوم ہے۔)

رام پرساد: سیٹھ! فلم ہٹ ہو گئی ـــــ تمہارا ہیرو ہٹ ہو گیا ـــــ یہ سب تمہاری وجہ سے

ہُوا۔

(جھک کر کروڑی مل کے پیر چھُوتا ہے)

کروڑی مل: (ہکا بکا ہو کر کھڑا ہے) فلم ہٹ ہو گئی؟ ہیرو ہٹ ہو گیا؟

(چکرا کر گر پڑتا ہے۔ اسٹیج پر بھگدڑ مچ جاتی ہے)

(اِنٹرول)

دوسرا ایکٹ

(پرساد کمار کے بنگلہ کا شاندار سیٹ۔ گھنٹہ نند مہاراج صوفہ پر بیٹھے ہیں۔ سامنے سوٹ پہن کر پرساد کمار کھڑا ہے)

پرساد: مہاراج! یہ سب آپ کے آشیرواد سے ہو گیا۔ آج میں فلم انڈسٹری میں سُپر اسٹار ہوں ــــ ساری انڈسٹری میں میرے نام کا ڈنکا بج رہا ہے ــــ میری پانچ سلور جوبلی ہو گئی ہیں ــــ چاروں طرف ایک ہی نام ہے ــــ پرساد کمار ــــ پرساد کمار ــــ

گرو: تم بھولتا ہے کمار! ــــ فلم انڈسٹری تمہارا Goal نہیں ہے تمہارا منزل ہے پالیٹکس ــــ جس طرح فلم انڈسٹری میں گول مال کر کے نمبر ون ملایا ویسا Politics میں بھی کرو ــــ ہم تم کو بولا؟ انڈیا کے بھولے بھالے لوگوں کو Fool بنانا بہت آسان!

پرساد: میں کیا کروں مہاراج!

گرو: تم ایسا کرو ــــ ایک Film star night کا پروگرام کرو۔ اس میں ایک کروڑ روپیہ Charitable کام کے واسطے جمع کرو ــــ ٹرسٹ کا نام رکھو پرساد کمار چیری ٹیبل ٹرسٹ ــــ غریب لوگوں کے واسطے کوئی اسکول، دواخانہ بناؤ اور پالیٹکس میں انٹری کرو۔

پرساد: وہ کیسے؟

گرو: کسی لیڈر کی لڑکی یا لڑکے کو فلم کی طرف Attract کرو۔ اس کے واسطے ایک Low budget کا فلم بناؤ۔ جب تک تم کو پالیٹکس میں انٹری میں ملتا... فلم

Incomplete رکھو۔ اگر فلم فلاپ ہوگیا تو سارا الزام منسٹر کے بیٹے یا بیٹی پر رکھو۔ پھر دوسرا فلم ــــ دوسرا فلم کے واسطے دوسرا فائنانسر۔ تم اس میں Guest appearance کرو۔ تمہارا Aim پالیٹکس میں انٹری ــــ سمجھ گیا ــــ؟

پرساد: جی مہاراج!

گرو: ہمارا گرو منتر یاد رکھو۔ اپنا Nuisance value بڑھاؤ ــــ اور کوئی میرے کو بولا ــــ تمہارا Rival پیارے لال فلم میں تمہارے ساتھ Compete کرتا؟ سپر اسٹار بننے کی بات کرتا؟ Finish him ــــ اس کا فلم چلنے مت دو ــــ دونوں فرنٹ پر لڑو ــــ فلم ــــ Politics ــــ

(گھنشہ نند مہاراج اٹھ کر کھڑے ہوجاتے ہیں۔ پرساد جھک کر ان کے پیر چھوتا ہے اور وہ باہر چلے جاتے ہیں)

پرساد: (پکارتا ہے) سیکریٹری!

(راجو سوٹ میں ایک ہاتھ میں نوٹ بک لے آتا ہے)

راجو: یس سر!

پرساد: پیارے لال کی فلم "نشیلی جوانی" کب ریلیز ہورہی ہے؟

راجو: Next Friday کو۔

پرساد: اس فلم میں نشیلی دواؤں کے بیوپار کے بارے میں دکھایا گیا ہے ــــ ایسا تم کہہ رہے تھے۔

راجو: ایڈوانس رپورٹ ایسا ہی ہے۔ فلم کا ٹاپک بہت کرنٹ ہے۔

پرساد: اسٹوڈنٹ لیڈر سے بات کرلو ــــ وہ راجیش ــــ جو فلم میں کام مانگنے ہمارے پاس آتا ہے ــــ اِس سے کہو ــــ فلم کے پہلے شو کے موقع پر تھیٹر کے سامنے زبردست ہنگامہ ہو ــــ پیارے لال کے خلاف نعرے لگائے جائیں ــــ تقریریں کی جائیں کہ ایسی گندی اور بے ہودہ فلم دیکھ کر نوجوانوں پر بُرا اثر ہوگا ــــ فلم

فوراً اتاری جائے —

راجو: او، کے سر!

پرساد: جان دادا سے بات کرو — فلم کے دو سو[200] ٹکٹ ایڈوانس بکنگ میں خرید لے — فلم دیکھنے کے لیے اُس کے آدمی بھیجے جائیں جو فلم کے ہر سین پر ہوٹنگ کریں گے ہنگامہ کریں گے — شریف Audience کو ہال سے باہر چلے جانے پر مجبور کریں گے۔

راجو: یس سر!

پرساد: باہر یہ پروپیگنڈہ ہو گا کہ فلم بنڈل ہے — جان دادا کے لوگ انٹرول کے بعد تھیٹر کے منیجر سے ٹکٹ کے پیسے واپس مانگیں گے — منیجر سے بات کرلو۔ وہ فلم اُتار لے گا — اور وہاں پر میری سلور جوبلی فلم — "آج کا رابن ہڈ" دوبارہ دکھائی جائے گی — اور فلم کیسے چلانا ہے — یہ تم جانتے ہی ہو۔

راجو: یہ فلم دوبارہ سلور جوبلی کرے گی سر۔

پرساد: "آج کا رابن ہڈ" کی پبلسٹی کے لیے میری رابن ہڈ کے میک اپ میں تصویر کے پانچ ہزار لاکیٹ بنالو — جھوپڑ پٹی کے بچوں میں مفت تقسیم کرو۔ وہ لوگ بڑے فخر سے گلے میں ڈال کر گھومیں گے اور فلم کی مفت پبلسٹی ہوگی۔

(فون کی گھنٹی بجتی ہے)

راجو: یس راج کمار — پرساد صاحب کا پی اے — کیا کہا؟ آزاد نگر جھوپڑپٹی میں آگ لگ گئی ہے — پچاس جھوپڑیاں جل گئی ہیں — او کے — کہتا ہوں صاحب سے۔

(فون رکھ دیتا ہے)

راجو: جان دادا کا فون تھا — آزاد نگر جھوپڑپٹی میں آگ لگ گئی پچاس جھوپڑیاں ...

پرساد: گڈ — (کچھ سوچ کر) Politics میں انٹری کا سنہرا موقع۔

راجو: وہ کیسے ؟

پرساد: اب میں آزاد نگر جاؤں گا ـــ ان لوگوں کی مدد کروں گا ـ انہیں کپڑے ـــ اناج دوں گا ـ ان کے لیے نئی جھونپڑیاں بنا دوں گا ـ اب اس علاقے کا نام آزاد نگر نہیں رہے گا ـــ اس علاقہ کا نام ہوگا ـــ "پرساد نگر" ـــ ان لوگوں کے بچوں کو پہننے کے لیے جو ٹی شرٹ دیے جائیں گے ان پر " آج کا راجن ہڈ" کا اشتہار ہوگا ـــ وہ لوگ جب تک وہ ٹی شرٹ پھٹے گا نہیں پہنیں گے اور تب تک " آج کا راجن ہڈ" کی پبلسٹی ہوگی ـــ یہ غریب لوگ بڑے وفادار ہوتے ہیں ـ وہ میری پرستش شروع کر دیں گے ـــ ان کے ہر جھونپڑے میں میری ایک تصویر لگائیں گے ـــ اور ـــ اپنے کھانا پکانے کے برتن بیچ کر میری فلمیں دیکھیں گے ـ

راجو: سر! آپ بہت جینئس ہیں ـ

پرساد: فلموں میں کامیابی کے بعد اب میرا نشانہ ہے Politics ـــ

راجو: آپ پالیٹکس کے بعد سپر اسٹار بن جائیں گے ـ

پرساد: جان کو فون کر کے اطلاع دے دو ـ

(بیک گراؤنڈ میں میوزک بج رہا ہے ـ راجو فون پر جان دادا سے بات کر رہا ہے ـــ لیکن اس کی آواز سنائی نہیں دے رہی ہے ـ)

(پرساد کمار کے چند چمچے آتے ہیں)

ایک : ہم آسکتے ہیں؟

پرساد: آجاؤ ـــ اب اندر آ ہی گئے ہو ـ

دوسرا: حضور کے گھر آنے میں ہمیں اجازت کی کیا ضرورت ؟

تیسرا: ہمیں تو فخر ہے کہ ہم سپر اسٹار کے دوست ہیں ـ

ایک : اس سال کا ایوارڈ بھی آپ کو ملنا ہے ـــ سارا انتظام ہوگیا ـ

پرساد : اب ایوارڈ سے کیا انٹرسٹ — اتنے ایوارڈ ملے ہیں۔

ایک : لیکن فلم فرینڈز سوسائٹی نے بیسٹ ہیرو کا ایوارڈ آپ کو دینے کا فیصلہ کیا ہے۔

پرساد : کتنے پیسے قبول کر کے آئے ہو؟

ایک : پیسے کیسے سرکار! وہ تو ان کا مختنانہ ہے۔ آپ کے نام کی پبلسٹی کریں گے۔ ہاں مبک کریں گے — پیپر میں پبلسٹی کریں گے۔ ٹرافی بنائیں گے۔ ۲۵ ہزار تو خرچ آئے گا۔

دوسرا: بہت رزنیبل (Reasonable) ریٹ ہے۔

پرساد : اب تم کہتے ہو تو Reasonable ہی ہوگا۔

ایک : ایسی بات نہیں سرکار! آپ کے غلام ہیں — ضرورت پڑی تو پیسہ مانگ لیں گے۔

راجو : اب پرساد صاحب Politics میں آرہے ہیں۔

سب : مبارک ہو — مبارک!

ایک : دو روز سے مجھے خواب نظر آرہا ہے کہ پرساد صاحب دلی کی پارلیمنٹ میں بیٹھے ہیں۔

دوسرا: خواب کب دیکھا؟

ایک : صبح صبح دِکھتا ہے۔

دوسرا: تو یہ سچا خواب ہے — جو خواب صبح صبح دِکھتا ہے وہ سچا ہی ہوگا۔

ایک پرساد : پرساد کمار

سب : زندہ باد

ایک : پرساد کمار

سب : زندہ باد

پرساد: میں ایک ٹرسٹ قائم کرنا چاہتا ہوں۔

ایک : واہ واہ بہت اچھا خیال ہے۔

دوسرا: صرف اچھا کیا بہترین خیال ہے۔

تیسرا: بہترین کیا بہت ہی یعنی کہ بہت ہی بہترین خیال ہے۔

ایک: فیمیلی ٹرسٹ بنا رہے ہیں۔

پرساد: تم نے تو بات سمجھنے سے پہلے تعریف شروع کر دی۔

ایک: آپ کا ہر کام تعریف کے قابل ہی ہوتا ہے۔

دوسرا: فلم میں ایکٹنگ ــــ بات کرنے کا اسٹائل ــــ چلنے کا اسٹائل ــــ سب بہترین۔

تیسرا: بنگلہ ــــ گاڑی ــــ

(روپا اندر داخل ہوتی ہے۔ اس کا پیٹ بڑھا ہوا ہے)

پرساد: ڈارلنگ! تمہیں اس حالت میں باہر نہیں آنا چاہیے۔

چمچے: نمستے بھابی جی!

روپا: جب سے اس گھر میں آئی ہوں سپر اسٹار کے درشن ہی نہیں ہوتے۔

چمچے: بھابی جی! پرساد جی اب صرف آپ کے پتی نہیں پبلک پراپرٹی ہیں۔

ایک: تین شفٹوں میں کام اور اب تو پالیٹکس میں انٹری۔

روپا: کیوں جی کا جنجال بڑھا رہے ہو ــــ نام ــــ پیسہ ــــ شہرت کس بات کی کمی ہے؟

پرساد: اپنے لیے بہت کچھ کر لیا اب جنتا کے لیے کچھ کرنا ہے۔

روپا: تم جنتا کے لیے کرتے رہو ــــ میں اپنے ہونے والے بچے کے لیے کچھ کرتی ہوں۔ مجھے ڈاکٹر کے پاس جانا ہے۔

پرساد: راجو! تم چلے جاؤ میم صاحب کے ساتھ۔

راجو: یس سر۔

(دونوں چلے جاتے ہیں)

ایک: صاحب نے یہ اچھا کیا شادی کرتے ہی بھابی کو انگیج کر دیا۔

پرساد: تمیسل بچہ ہے! وہ بال بچوں میں اتنی پھنس گئی ہے کہ اسے میرے کاموں میں پڑنے

کی فرصت نہیں۔ بچے ہی اس کی ناک میں دم کر دیتے ہیں۔

دوسرا: بڑے جینیس ہیں سر آپ! ایک طرف فلمیں دوسری طرف بچے۔

(سب ہنستے ہیں)

پرساد: میرا تو خیال ہے — ہر فلم سٹار کو کم از کم ایک درجن بچے ہونے چاہئیں۔

(چمچے قہقہے لگاتے ہیں بناوٹی انداز میں)

ایک: ادھر بیوی بچوں میں انگیج ہیرو ہیروئین میں۔

پرساد: دھیرے بولو — کمّو کی بات اگر ردبا کے کان تک پہنچ گئی تو وہ جینا حرام کر دے گی۔ بیوی ہے بھئی میری!

دوسرا: سُنا ہے کمّو بھی ماں بننے والی ہے۔

پرساد: سچ؟

دوسرا: ہاں قسم! کل ہی ملی تھی۔ بہت ناراض ہے کہ آپ ملنے بھی نہیں آتے اور فون پر بھی نہیں آتے۔ ہر بار راجو کہہ دیتا ہے گھر پر نہیں ہیں۔

پرساد: اس کا کچھ گڑبڑ کرنے کا ارادہ ہے؟

دوسرا: ہاں — ارادہ تو ایسا ہی دکھتا ہے — کہتی ہے پرساد کمار کو مجھ سے شادی کرنا پڑے گی۔

پرساد: ایک بیوی گھر میں ہے دوسری کہاں لے آؤں؟ اور اگر ایسے میں شادیاں ہی کرتا رہا — تو ۱۵ — ۲۰ سے تو شادیاں کرنا ہی پڑے گی۔

ایک: یہ تو فلمی دنیا ہے —

دوسرا: اب کمّو کا کیا کیا جائے؟

پرساد: افواہ پھیلا دو کہ اس کا پیارے لال سے ٹانکا بھڑا ہے۔

دوسرا: ان کی فلم "نشیلی جوانی" ریلیز ہونے والی ہے۔

پرساد: یہ پروپیگنڈہ فلم کے لیے بہت نقصان دہ ثابت ہوگا — بہت اِترا رہا ہے پیارے لال ان دنوں — اپنے آپ کو سپر اسٹار کہنے لگا ہے۔ اخبارات

میں یہ خبر پھیلا دو کہ "نشیلی جوانی" کی شوٹنگ کے موقع پر کمّو نے چھپ کر اس سے شادی کرلی اور وہ ایک بچے کی ماں بننے والی ہے ——

دوسرا: ایک تیر سے دو شکار —— پیارے لال کی فلم بھی گر جائے گی اور کمّو کا منہ بھی بند ہو جائے گا۔

پرساد: ہمارے دیش کے فلم شوقین فلم اسٹاروں کی ہر بات پر نظر رکھتے ہیں۔ کمّو فلموں میں ستی ساوتری قسم کا رول کرتی ہے۔ وہ لوگ چاہیں گے کہ جیسا فلم میں کرتے ہیں ویسا حقیقی زندگی میں بھی کریں۔

ایک: اُن بے چاروں کو کیا پتہ کہ ہاتھی کے دانت کھانے کے اور ہوتے ہیں —— دکھلانے کے اور ——

(قہقہے)

دوسرا: اب باتیں بہت ہو گئیں — گلا خشک ہو رہا ہے۔

(پرساد نوکر کو آواز دیتا ہے۔ باوردی نوکر شراب کی بوتل اور گلاس لے کر آتا ہے)

ایک: چیرز ——

دوسرا: چیرز ——

تیسرا: فار دی سکسیس آف نیو سپر اسٹار ان پالٹکس!

(سب گلاس اٹھاتے ہیں)

پرساد: ہاں —— تو ٹرسٹ کی بات ادھوری رہ گئی —— (شراب کے ہلکے ہلکے گھونٹ لیتے ہوئے) میں چاہتا ہوں کہ شراب بندی اور نشیلی دواؤں کے پرچار کے لیے ایک ٹرسٹ بنایا جائے۔

ایک: (شراب پیتے ہوئے) بہت اچھا خیال ہے۔

دوسرا: (شراب پیتے ہوئے) شراب ساری برائیوں کی جڑ ہے۔

تیسرا: شراب اور نشیلی دواؤں نے اس دیش کا ستیاناس کر دیا ہے۔

ایک: اس دیش کے لوگ بھوکے مرتے ہیں لیکن شراب نہیں چھوڑتے۔

پرساد: (شراب چڑھ جاتی ہے ـــــ اُٹھ کر کھڑا ہو جاتا ہے) میں مقابلہ کروں گا شراب کا ـــــ کون ٹِکا ہے اِس سُپر اسٹار کے سامنے ـــــ شراب بھی آ گئی نہ تو اُس کو بھی ختم کر دیتا گا ـــــ میں فلم انڈسٹری کا بادشاہ ہوں ـــ فلم انڈسٹری کا بادشاہ ہوں ـــ اِس انڈسٹری کا سب سے اچھا ایکٹر کون ہے؟

تینوں: پرساد کمار۔

پرساد: آج فلم انڈسٹری میں کس کا نام چلتا ہے؟

تینوں: پرساد کمار کا۔

پرساد: آج کل فلم نہیں چلتی پرساد کمار کا نام چلتا ہے ـــــ نمبر وَن کون ہے پرساد کمار کہ پیارے لال؟

تینوں: پرساد کمار۔

پرساد: جب میں انڈسٹری میں آیا تھا ـــــ سب ہنستے تھے مجھ پر ـــــ کہتے تھے یہ بھینسوں کا بیوپاری کیا ایکٹنگ کرتا ہے ـــــ ہیروئین کے پیچھے بھاگتا ہے تو ایسا لگتا ہے کہ بھینس کے پیچھے بھاگ رہا ہے ڈنڈا لے کر ـــــ سالو! جس کی لاٹھی اس کی بھینس ـــــ آج ڈنڈا میرے ہاتھ میں ہے ـــــ میرے اِشاروں کے غلام ہیں ـ کوئی کتا پالتا ہے کوئی طوطا پالتا ہے ـــــ میں تجھے پالتا ہوں ـــــ میرے اشارے پر سب دُم ہلاتے ہیں ـــــ میں دنیا کا سب سے بڑا ایکٹر ہوں۔

ایک چمچہ: (نشہ میں) دنیا کا سب سے بڑا ایکٹر؟ تیرے باپ نے بھی ایکٹنگ کی تھی کیا رے؟ سالا! بھینس چراتے چراتے فلم میں آ گیا ـــ اندھے کے ہاتھ میں کبوتر آ گیا تو بولا، میں سب سے بڑا شِکاری ـــــ ہم کو کتا بولتا ـــــ سالا! کس نے بنایا رے تجھے سُپر اسٹار! ان کتوں نے ـ تیری سب طرف پبلسٹی کی ـ لوگوں میں ترا نام روشن کیا ـــ تیری ایکٹنگ کے چرچے کیے اور بولتا کتا ـــــ ارے کتا بھی اپنے مالک کا وفادار رہتا ـــــ تیرے کو تو کتا بولنا بھی کتے کی توہین ہے!

پرساد: میں بھونکنے والے کتے کی پرواہ نہیں کرتا۔

ایک: کتا کس پہ بھونکتا رے! چور ہے نہ — تو بھی چور — مہا چور — قسمت سے فلم اسٹار بن گیا — بھرپور پیسہ مل گیا تو دماغ خراب ہو گیا — ہم کو کتا بولتا!

دوسرا: (پرساد کے پاؤں پکڑ کر) اس کو معاف کر دو — اس کو زیادہ چڑھ گئی۔

ایک: اس کے پاؤں کیوں پکڑتا رے — اس کی ٹانگ کھینچو — سالا پالیٹکس میں آرہا ہے — فلمی اسٹار بن کر کیا گھوٹالے کیے اب وہاں جا کر جھک مارے گا — تیرے باپ نے کبھی پالیٹکس کھیلا کیا رے!

دوسرا: ارے ایسا مت بول — کل کے دن یہ چیف منسٹر بن گیا تو؟

ایک: میں گورنر بن جاؤں گا — ایک رپورٹ کیا کہ یہ باہر۔

تیسرا: اور یہ افریقہ کا پرائم منسٹر بن گیا تو؟

ایک: یہ پارلیمنٹ میں ایسا ناچے گا — رمبا ہو .... ہو — رمبا ہو ....

(باقی کے شرابی بھی اس کے ساتھ ناچنے لگتے ہیں)

پرساد: (گیٹ آؤٹ) سالے! میرا کھا کر مجھ پر غراتے ہیں — ارے سن لو! میں پالیٹکس میں بھی جاؤں گا اور وہاں کا بھی سپر اسٹار بنوں گا — جلتے ہیں مجھ سے۔ بھینسوں کا بیوپاری — میں اب قسمت کا بیوپاری بننے والا ہوں — میرے ہاتھ میں دیش کی تقدیر ہوگی — میں ایک مہان ابھینیتا ہوں — اس دیش کی تقدیر کا فیصلہ نہیں کرتے ابھینیتا کرتے ہیں۔

(لڑکھڑا کر گر پڑتا ہے)

ایک: مر گیا کیا رے! (روتی آواز میں) سپر اسٹار مر گیا — سپر ین کی جھنکار زیادہ سفید — مر گیا رے مر گیا۔

دوسرا: اس کا انتم سنسکار ہم راشٹریہ سنمان سے کریں گے۔

(ایک اپنے منہ سے ماتمی دھن بجاتا ہے اور چاروں اٹھ

اپنے کندھوں پر اٹھا کر اندر لے جاتے ہیں)

(فیڈ آؤٹ)

(دوسرا سین ––– پرساد کمار کے بنگلہ کا سیٹ ––– ہال میں بہت سے ملنے والے بیٹھے ہیں۔ راجو فون پر کسی سے بات کر رہا ہے)

راجو: پورے مہینے کی تاریخیں بک ہیں ––– ابھی ایک گھنٹہ کا وقت نہیں مل سکتا، آپ ایک دن کی بات کر رہے ہیں ––– ساری ––– آپ ڈمی سے کام چلا لیں۔

(فون بند کرتا ہے)

ایک پروڈیوسر: راجکمار جی نمستے!

راجو: کہیے شرماجی!

پروڈیوسر: ۲۰، تاریخ یاد ہے نہ؟ میری فلم کا بہت مہنگا سیٹ لگا ہے۔

(راجو ڈائریکٹری دیکھ کر)

راجو: ساری ––– اُس روز تو صاحب نے ایک سیمینار کا دعوت نامہ قبول کر لیا ہے۔

پروڈیوسر: اور مجھے جو ڈیٹ دی تھی؟

راجو: وہ کینسل سمجھیے۔

پروڈیوسر: میرے لاکھوں کا نقصان ہو جائے گا۔

راجو: دیکھیے ––– اب آپ نے سپر اسٹار کو اپنی فلم میں لیا ہے ––– تھوڑا بہت نقصان تو برداشت کرنا پڑے گا۔

پروڈیوسر: بیس لاکھ کا سیٹ ہے وہ۔

راجو: کمائیں گے بھی تو آپ لاکھوں روپے ––– اگر نقصان کی اتنی فکر تھی تو کسی اور کو لے لیتے۔

پروڈیوسر: کسی اور کو لیتا تو فلم کیسے بکتی؟ اب تو سر سے پیر تک قرض میں پھنس گیا ہوں

راجو: ابھی سارے قرضے ادا ہو جائیں گے آپ فکر کیوں کرتے ہیں ––– اگلے مہینہ آپ

کو پورا دن دے دیں گے۔

پروڈیوسر: مجھے پرساد جی سے ملا دیجیے۔

راجو: ساری! وہ بہت بزی ہیں — اب آپ میرا اور اپنا وقت خراب مت کریں۔

(پروڈیوسر سر جھکا کر چلا جاتا ہے)

راجو: آپ؟

آدمی: میں ڈاکٹر گلائے تونڈے ہوں۔

راجو: وہ تو آپ کا منہ دیکھ کر ہی معلوم ہو جاتا ہے — کام بتایئے!

آدمی: صاحب سے ملنا ہے۔

راجو: کیوں؟

آدمی: ایک کام ہے — صاحب سے میری پرانی پہچان ہے — میں نے ان کی پاروتی کی جان بچائی تھی۔

راجو: کون پاروتی؟

آدمی: صاحب کی بھینس!

راجو: وہ ٹھیک ہے — لیکن آپ کا کام؟

آدمی: ایک مشکل میں پھنس گیا ہوں۔

راجو: اگر آپ کوئی فلم بنا رہے ہیں تو صاحب کے پاس آپ کی فلم میں گیسٹ رول ادا کرنے کے لیے ٹائم نہیں۔

آدمی: میرا فلموں سے تعلق نہیں۔

راجو: اور صاحب کا اب بھینسوں سے تعلق نہیں۔

آدمی: پرانی جان پہچان ہے اس لیے آیا ہوں۔

راجو: کام بتایئے!

آدمی: (سرگوشی کے انداز میں) بات یہ ہے کہ میں اب ویٹرنری کالج میں پروفیسر ہوں — ایک اسٹوڈنٹ کے ایڈمیشن کے لیے .....

راجو: سمجھ گیا۔ اس معاملے میں آپ کو نوکری سے نکال دیا گیا ہے؟

آدمی: نہیں! نکالے جانے والا ہے۔

راجو: آپ اپنا نام اور پتہ اس ڈائری میں لکھ دیجیے میں صاحب کو بتا دوں گا۔

(وہ آدمی نام اور پتہ لکھ کر چلا جاتا ہے۔)

راجو: اب ملاقات کا ٹائم ختم ہو گیا ـــــ اب اسی جگہ ایک ایڈورٹائزنگ فلم کی شوٹنگ ہے آپ لوگ باہر جائیے!

(سب لوگ باہر چلے جاتے ہیں۔ اندر سے پرساد کمار ایک خوبصورت لڑکی کی بغل میں ہاتھ ڈال کر آتا ہے)

راجو: گڈ مارننگ سر!

پرساد: آج تو تم نے صبح سے کام پیچھے لگا دیا۔

راجو: وہ کیا ہے صاحب! جیڈھا صاحب کی کمپنی ہے۔ ان کا فون آیا تھا۔

پرساد: جیڈھا صاحب؟ کون وہ رولنگ پارٹی کے وائس پریسیڈنٹ!

راجو: ہاں ہاں وہی!

پرساد: تم نے اُن سے کیا معاوضہ طے کیا؟

راجو: پچاس ہزار۔

پرساد: ان کے پیسے واپس کر دو۔

راجو: کیوں سر! اس سے پہلے تو آپ نے کبھی بغیر پیسے کے کام نہیں کیا۔

پرساد: یہ کام ایک Investment ہے بے وقوف! مجھے پالٹیکس میں آنا ہے اور مجھے جیڈھا صاحب کے سپورٹ کی ضرورت ہے۔

راجو: جیڈھا صاحب کا بیٹا بھی آیا ہوا ہے۔

پرساد: کہاں ہے؟

راجو: باہر۔

پرساد: بے وقوف! اُسے باہر کیوں بٹھا رکھا ہے؟ پتہ نہیں کو وال کے کتے کو بھی نمسکار

ایک اور سپر اسٹار (ڈراما) قاضی مشتاق احمد

کرتے ہیں۔ یہ تو چڈھا صاحب کا بیٹا ہے — بلاؤ اسے۔

(راجو ایک اسمارٹ لڑکے کو اندر لے کر آتا ہے)

راجو: سر! یہ ہیں چڈھا صاحب کے صاحب زادے انیل چڈھا!

پرساد: ویری ہینڈسم! ارے! تم تو کسی فلم اسٹار سے کم نہیں۔ فلموں میں کام کرتے ہو؟

انیل: نہیں جی۔ میں تو بزنس کرتا ہوں۔

پرساد: بزنس بھی چلتا رہے گا لیکن آپ کے پاس اچھا چہرہ ہے، اچھی پرسنیلٹی ہے۔ پھر فلموں میں کیوں نہیں آتے — ساری! ان سے انٹروڈیوس کرانا بھول گیا۔ یہ ہیں نئی ہیروئین مس رچنا!

(رچنا انیل سے ہاتھ ملاتی ہے)

پرساد: رچنا! تم انیل سے بات چیت کرو تب تک میں شوٹنگ کے لیے تیار ہو جاتا ہوں — راجو! تم میرے ساتھ آؤ!

(ہال میں دونوں اکیلے رہ جاتے ہیں)

(انیل رچنا کے قریب بیٹھتے ہوئے ہچکچاتا ہے)

رچنا: (اس کا ہاتھ پکڑ کر) کم آن مین! لڑکیوں کی طرح شرماتے کیوں ہو؟

انیل: جی ... میں ... دراصل۔

رچنا: پرساد جی کی آفر پر غور کرو۔ اتنا بڑا ہیرو تمہیں فلم آفر کر رہا ہے — مان لو۔

انیل: لیکن مجھے ایکٹنگ نہیں آتی۔

رچنا: اس فلم انڈسٹری میں کس کو ایکٹنگ آتی ہے؟ بس ادھر ادھر ہاتھ ہلا دیے ہو گئی ایکٹنگ اور ایکٹنگ کون سی مشکل بات ہے؟

انیل: میری تو فیکٹری ہے۔

رچنا: مشینوں کے ساتھ رہتے ہو (اور قریب آجاتی ہے) حسینوں کے ساتھ رہ کر دیکھو — انیل! تم ہاں کہہ رہے ہو اور میں تمہاری ہیروئین بنوں گی۔

انیل: لیکن میرے پتا جی نہیں مانیں گے — وہ مجھے پالیٹکس میں لانا چاہتے ہیں۔

رچنا: تمہاری عمر ہے پالٹیکس میں آنے کی — ؟ ابھی تو مونچھیں بھی گھری نہیں ہوئیں — پالٹیکس میں تو کبھی بھی آیا جا سکتا ہے — لیکن فلموں میں آنے کی یہی عمر ہے۔ ہاں کہہ دو نہ —

انیل: میں سوچوں گا۔

رچنا: نہیں — بہت سوچ لیا — ہاں کہہ دو۔

انیل: میں...

رچنا: میں ہمیشہ تمہارے ساتھ رہوں گی — میں تمہیں بتا دوں گی زندگی کے مزے کیسے لوٹتے ہیں —

انیل: ٹھیک ہے —

رچنا: (چلّا کر) پرساد جی! پرساد جی!

(پرساد اور راجو کمرے سے باہر آتے ہیں۔)

رچنا: انیل جی نے فلموں میں کام کرنے کے لیے ہاں کر دی۔

پرساد: مبارک ہو — فلم انڈسٹری کو ایک نیا چہرہ مل گیا۔

(انیل شرماتا ہے)

پرساد: اور یہ آپ نے کیا غضب کر دیا ؟ اس دو سیکنڈ کی فلم کے لیے پیسے دے دیے اور وہ بھی ایڈوانس — ابھی ہم کوئی غیر ہیں۔ چڈھا صاحب سے کہیے میں بہت ناراض ہوں۔ مجھے فون پر بتا دیتے کہ یہ ان کی کمپنی کا کام ہے — میرا سکریٹری بے وقوف آدمی ہے — وہ نہیں جانتا کس سے کیسے برتاؤ کیا جائے!

انیل: آج آپ کا نام چلتا ہے اس لیے پیسے دیے ہیں۔

پرساد: کل تمہارا نام چلے گا تو کیا مجھ سے پیسے لوگے — راجو! ان کا چیک لوٹا دو۔

(راجو زبردستی چیک لوٹاتا ہے)

پرساد: اچھا! اب آپ کے یونیٹ کو لے آئیے — میں تیار ہوں!

(انیل باہر جاتا ہے)

رچنا: دیکھا کس صفائی سے چڑیا کو پھانس لیا۔

پرساد: چڑیا تو تم ہو ڈارلنگ! وہ تو چڑیا کا غلام ہے۔

رچنا: کہہ رہا تھا پاپا جی پالیٹکس میں لانے والے ہیں۔

پرساد: اچھا ___ تو ایک Rival پیدا ہونے سے پہلے ہی ختم ہو گیا ___ رچنا!
اب یہ تمہاری ذمہ داری ہے۔

رچنا: ایکٹنگ سکھانے کی؟

پرساد: ایکٹر سکھا پڑھا کر نہیں بنائے جاتے ___ وہ پیدا ہوتے ہیں!

رچنا: لیکن آپ کسی ذمہ داری کا ذکر کر رہے تھے۔

پرساد: وہ ذمہ داری ہے اسے برباد کرنے کی۔

رچنا: وہ میرا ذمہ ہے۔

(دونوں ہنستے ہیں)

(انیل کے ساتھ ایڈورٹائزنگ کمپنی کا یونٹ آجاتا ہے۔ ان کے
ہاتھ میں ویڈیو شوٹنگ کا سامان ہے)

پرساد: ان بتائیے کیا شاٹ ہے؟

ڈائریکٹر: یہ "گھنٹہ چھاپ تیل" کا ایڈ ہے ___ بیک گراؤنڈ میں گانا بجتا ہے ___ "سر جو
ترا چکرائے .... " اور اس گانے کی ایک لائن ختم ہوتے ہی رچنا جی آپ کے پاس
آکر کھڑی ہو جاتی ہیں اور آپ کہتے ہیں ___ "جب آپ کے سر میں درد ہو تو اپنی بیوی
سے کہیے گھنٹہ چھاپ تیل سے سر کی مالش کرے ___"

(اسی طرح سے ایڈ فلم کا سین فلمایا جاتا ہے)

پرساد: (انیل سے) کیوں بھئی شاٹ کیسا رہا؟ کہیے تو ایک شاٹ اور دے دوں آپ
کے لیے!

(دوبارہ وہی سین دوسرے طریقے سے فلمایا جاتا ہے)

پرساد: کیسا رہا؟

انیل: ماروِلس؟

(یونٹ اپنا سامان سمیٹ کر چلا جاتا ہے)

پرساد: (ہاتھ ملاتے ہوئے) بائی مسٹر انیل — ! چڈھا صاحب کے دَرشن کا ہمیں بھی موقع دینا۔

انیل: ضرور!

پرساد: ارے بھئی رچنا! انیل صاحب کے ساتھ جاؤ وہ تمہیں ڈراپ کر دیں گے۔

(رچنا انیل کی بغل میں ہاتھ ڈال کر باہر چلی جاتی ہے)

پرساد: (راجو سے) اِن دونوں کی دوستی آگے بڑھاؤ — رچنا کو کہہ دو اگر وہ انیل کو فلموں میں لانے میں کامیاب ہو گئی تو میری اگلی فلم کی ہیروئین بھی وہی ہو گی۔

(روپا بغل میں ایک بچہ اور پھولے ہوئے پیٹ کے ساتھ آتی ہے اس کے آتے ہی راجو باہر چلا جاتا ہے)

روپا: کیوں جی! وہ کمّو کے ساتھ آپ کا کیا معاملہ ہے؟

پرساد: (بیزاری سے) کون کمّو؟

روپا: وہی آپ کی ہیروئین۔

پرساد: ہماری ہیروئین تو تم ہو — ڈارلنگ!

روپا: مجھے تو تم نے ہیروئین سے بھینس بنا دیا ہے — ہر سال بچہ —!

پرساد: بھگوان کا شکر کرو، ڈارلنگ! بھگوان کی نعمت کو ٹھکراتی ہو۔

روپا: میں کہاں ٹھکرا رہی ہوں؟ لیکن تم میری نرمی کا فائدہ اٹھا کر — باہر گل چھرّے اڑا رہے ہو۔

پرساد: سُنی ہوئی باتوں پر یقین مت کرو — یہ تو شو بزنس ہے۔ یہاں ایسی افواہیں اٹھتی رہتی ہیں۔

رویا: میں نے "فلم ویک" میں پوری خبر پڑھی ہے۔

پرساد: کچرے کی کنڈی میں پھینک دو اُس واہیات پیپر کو ـــــ اور تم کیوں ایسے گندے اخبار پڑھتی ہو؟ اب تمہارا فلم انڈسٹری سے کوئی تعلق نہیں ـــــ گیتا پڑھو ـــــ رامائن پڑھو ـــــ رام کا نام لو ـــــ چلو جاؤ اس وقت میں بہت مصروف ہوں۔

(رویا بڑبڑاتے ہوئے اندر چلی جاتی ہے)

(اس کے اندر جاتے ہی پرساد فون گھماتا ہے)

پرساد: (فون پر) کون جیندر مکھی! کہاں ہو آج کل ـــــ آج ملتے ہیں میں آرہا ہوں ـــــ انتظار کرنا ـــــ (فون بند کرتا ہے)

(فون کی گھنٹی بجتی ہے)

پرساد: کون.... جی.... میں پرساد! اوہو ـــــ سشما دیوی! کیسی ہیں آپ؟ کہاں چلی گئی تھیں ـــــ؟ اجی ہم یہاں آپ کے انتظار میں تڑپ رہے ہیں ـــــ تڑپ تڑپ کر جان دے رہے تھے ـــــ آج شام آجاؤں؟ مشکل ہے ـــــ ایک فلم کی شوٹنگ ہے ـــــ اوہو ـــــ وہاں مت آجانا ـــــ اخبار والے تو تاک میں ہی رہتے ہیں۔

(فون بند کردیتا ہے)

(نوکر کو بلاتا ہے۔ نوکر تپائی پر شراب کی بوتل اور گلاس رکھ دیتا ہے۔ پرساد ایک گلاس میں پیگ بنا کر پیتا ہے اور اندر جانے کے لیے اٹھتا ہے)

پرساد: (راجو کو آواز دیتا ہے).... دیکھو.... میں تھوڑی دیر آرام کرنا چاہتا ہوں مجھے کوئی ڈسٹرب نہ کرے!

(اندر چلا جاتا ہے)

(ایک کھادی دھاری آدمی اندر آتا ہے)

راجو: اوہو۔ گپتا جی! دھنیہ بھاگ ہمارے! آپ جیسے مہان دیش بھگت ہمارے یہاں پدھارے۔

گپتا جی: پرساد کمار کہاں ہیں؟

راجو: وہ تو باہر گئے ہوئے ہیں۔

گپتا جی: نوکر بتا رہا تھا اندر ہیں۔

راجو: اُسے پتہ نہیں ہوگا۔ (نوکر کو بُلاتا ہے) کیوں بے! صاحب کو باہر گئے آدھا گھنٹہ ہو گیا اور تو گپتا جی سے کہتا ہے وہ اندر ہیں۔

نوکر: میں اوپر کے منزلہ پر تھا مجھے پتہ نہیں صاحب کب باہر گئے۔

راجو: گپتا جی! کہیے۔ کیا آدیش ہے؟

(نوکر سے "چل باہر جا" کہتا ہے)

گپتا جی: میں پرساد جی کو بدھائی دینے آیا ہوں۔ ابھی ابھی پتہ چلا ہے کہ وہ شراب بندی کے پرچار کے لیے کوئی ٹرسٹ بنا رہے ہیں

راجو: آپ نے ٹھیک سُنا ہے۔۔۔ ہمارے صاحب شراب کے بہت خلاف ہیں۔ انہیں شراب سے اتنی نفرت ہے کہ اگر فلم میں شراب پینے کا سین ہے تو وہ ڈمی استعمال کرتے ہیں۔ دوسرے ایکٹر مار دھاڑ کے سین میں ڈمی استعمال کرتے ہیں ہمارے صاحب شراب پینے کے سین میں۔

گپتا جی: فلم میں رہ کر یہ آدمی کتنا صاف ہے۔ اگر سماج سیوا میں آگیا تو لوگ اسے سر آنکھوں پر جگہ دیں گے۔

راجو: سماج سیوا تو انہوں نے کب سے شروع کر دی ہے۔۔۔ آپ نے وہ پرساد نگر نہیں دیکھا۔۔۔ وہ پہلے کا آزاد نگر۔۔۔ وہاں آگ میں جھونپڑیاں جل گئی تھیں۔ صاحب نے دوبارہ نئی بنوا دیں۔

(گپتا جی بولتے بولتے صوفہ سیٹ پر آ کر بیٹھ جاتے ہیں اور سامنے

تپائی پر رکھی ہوئی بوتلیں دیکھ کر چونک پڑتے ہیں۔)

گپتا جی: شراب کے خلاف پرچار کرنے والے کے گھر شراب کی بوتل؟

راجو: (ہنستے ہوئے) اجی! یہ تو نقلی شراب ہے۔ اندر شربت بھرا ہوا ہے۔ ایک فلم کی شوٹنگ کے لیے منگوائی ہے۔

(نوکر کو آواز دیتا ہے)

راجو: یہ نقلی شراب اٹھا کر لے جا۔

نوکر: یہ تو بالکل اصلی ہے۔

راجو: آج تیرا دماغ کام نہیں کر رہا ہے۔ یہ نقلی شراب ہے لے جا یہاں سے۔

(نوکر بوتل اور گلاس اٹھاتا ہے)

اور ہاں گپتا جی کے لیے چائے لے کر آ۔

گپتا جی: میں چائے نہیں پیتا۔ لیموں شربت لے آؤ۔

نوکر: (راجو سے) اور آپ کے لیے کیا لاؤں بیئر؟

راجو: بے وقوف! جانتا نہیں میں بھی لیموں شربت پیتا ہوں۔

نوکر: جانتا ہوں۔ جب زیادہ چڑھ جاتی ہے تب آپ لیموں شربت پیتے ہیں مگر آج تو صبح سے صرف ایک پیگ لیا ہے۔

راجو: یہ آدمی آج ضرور پی کر آیا ہے۔ چل جا اندر اور دو گلاس لیموں شربت لے کر آ۔

(نوکر اندر جاتا ہے)

گپتا جی: یہ آدمی بار بار شراب کا نام کیوں لے رہا ہے؟

راجو: بات یہ ہے کہ یہ پہلے پکا شرابی تھا۔ صاحب نے اسے اس شرط پہ نوکری دی کہ یہ شراب چھوڑ دے۔ مگر اس کو شراب کی اتنی یاد آتی ہے کہ پانی کو بھی دیکھتا ہے تو اسے بھی شراب کہتا ہے۔

گپتا جی: کیسے کیسے لوگ ہیں اس دنیا میں!

(نوکر لیموں شربت کے دو گلاس لے کر آتا ہے اور دونوں کو دیتا ہے .... اتنے میں پرساد لڑکھڑاتا ہوا باہر آتا ہے اور گپتا جی کو دیکھ کر اندر چلا جاتا ہے۔ گپتا جی کی اس طرف توجہ نہیں ہے لیکن وہ اندر جانے والے کی ایک جھلک دیکھ لیتے ہیں)

گپتا جی: ابھی ابھی اندر کے کمرے سے کون باہر آیا تھا؟

راجو: یہ نوکر۔

گپتا جی: مگر یہ تو یہاں کھڑا ہے۔

راجو: پردہ ہلا ہوگا — فلم اسٹار کا گھر ہے نہ یہاں کوئی نہ کوئی ڈراما چلتا رہتا ہے۔

(گپتا جی جانے کے لیے اٹھتے ہیں — راجو انہیں دروازے تک چھوڑنے جاتا ہے)

(فیڈ آؤٹ)

(رچنا اور انیل اندر آتے ہیں۔ دونوں میں کافی بے تکلفی ہو گئی ہے —)

رچنا: راجو!

راجو: یس میڈم!

رچنا: پرساد صاحب کہاں ہیں؟

راجو: اندر ہیں اب آتے ہی ہوں گے — میں دیکھتا ہوں۔

(وہ اندر چلا جاتا ہے)

رچنا: (بے تکلفی سے) انیل ڈیئر! یہ تم نے فلم میں آنے کا فیصلہ بہت صحیح ٹائم پر کیا۔

انیل: ڈیڈی بہت ناراض ہیں لیکن میں ان کو منا لوں گا۔ وہ مجھے پالٹیکس میں آنے کے زور دے رہے ہیں۔

رچنا: پالٹیکس میں آنے کے لیے ساری عمر پڑی ہے۔ جوانی کے دن کون ڈوکھی پھیکی

پالیٹکس میں برباد کرے ؟ یہ تو ادھیڑ عمر کے اور بوڑھے لوگوں کا Pass time
ہے — Forget it.

انیل: تم کس میڈم جیندرا کے بارے میں بتا رہی تھیں جو ایکٹنگ سکھاتی ہے؟

رچنا: پرساد سے کہیں گے وہ فون کر دیں گے — بس ایک مہینے کا شارٹ کورس !

انیل: میرے بزنس کا کیا ہوگا؟

رچنا: Mind you business man! تمہارا بزنس اب فلم ہے بس اور کچھ نہیں۔

انیل: (شرماتے ہوئے) اور تم؟

رچنا: میں تو تمہاری ہوں —

(پرساد ایکدم اندر آجاتا ہے اور دونوں کو ساتھ دیکھ کر تالی بجاتا ہے)

پرساد: ویل ڈن! ویری گڈ! بہت اچھا کو سین ہے۔ انیل تم تو کہہ رہے تھے تمہیں ایکٹنگ نہیں آتی۔

رچنا: ابھی پرفیکٹ ایکٹر ہیں۔ بس ذرا آپ جیندرا جی سے کہہ دیجیے۔

پرساد: وہ تو میں کہہ دوں گا لیکن ان کا ارادہ کیا ہے؟

انیل: میں فلم میں کام کرنا چاہتا ہوں۔

پرساد: مبارکباد! تم بہت بڑے ایکٹر بنو گے — (جیندرا کو فون پر انیل کے بارے میں ہدایت دیتا ہے) اب اور سناؤ..... تمہارے ڈیڈی کی کیا ری ایکشن ہے؟

انیل: وہ ناراض ہیں۔

پرساد: انہیں میرے پاس لے آؤ۔ میں سمجھا دوں گا۔

انیل: او، کے۔

پرساد: ویسے مجھے بھی پالیٹکس میں انٹرسٹ ہے۔ ابھی تک میری نظر میں ایسا کوئی ایکٹر

نہیں تھا جو میری جگہ لے سکے ۔ اب تم آگئے ہو ۔ تم میری جگہ لے لو میں تمہاری ۔ مطلب تم فلم میں، میں پالیٹکس میں !

انیل : میں آپ کی جگہ لے سکتا ہوں ؟

پرساد : کیوں نہیں ؟ جب میں نیا آیا تھا تب لوگ اسی طرح مجھ پر ہنستے تھے کہ یہ بھینسوں کا بیوپاری کیا ہیرو بنے گا ۔ میں ان کے منہ بند کر دیے ۔ اب میں سپر اسٹار ہوں اور وہ لوگ ہیں میرے فینز ۔

رچنا : اس خوشی میں ایک پیگ ہو جائے ۔

انیل : میں شراب نہیں پیتا ۔

پرساد : تو بیئر پیو ۔ بیئر اور پانی میں کوئی فرق نہیں ہے ۔

(نوکر کو آواز دیتا ہے)

(نوکر بیئر کے چار گلاس لے آتا ہے ۔ پرساد ۔ راجو ۔ رچنا اٹھا لیتے ہیں ۔ انیل ہچکچاتا ہے ۔ لیکن رچنا زبردستی اسے گلاس اٹھانے پر مجبور کرتی ہے)

پرساد : انیل کی کامیابی کے نام !

رچنا اور راجو : چیرز !

(انیل مشکل سے بیئر پیتا ہے)

پرساد : رچنا ! میں نے چندرا میڈم کو فون کر دیا ہے ۔ تم انیل کو اسی وقت ان کے یہاں لے جاؤ ۔ آج سے ٹریننگ شروع ۔ بیسٹ آف لک انیل ! (انیل سے ہاتھ ملاتا ہے ۔) اور ہاں رچنا ! تم انیل کو اسی طرح گائیڈ کرتی رہو ۔ اس کی جھجک دور ہونا چاہیے ۔ فلمی دنیا میں آدمی کے لیے بولڈ ہونا ضروری ہے ۔

رچنا : اور عورت کے لیے ؟

پرساد : تمہارے جیسا ۔ تم پرفیکٹ فلمی عورت ہو ۔

رچنا : تھینک یو ۔

(انیل کو سنبھالتے ہوئے وہ لے کر چلی جاتی ہے)

قاضی مشتاق احمد
ایک اور سپر اسٹار (ڈراما)

پرساد : (ان دونوں کے جانے کے بعد) فلم کی دہلیز پر ایک اور شہید !

راجو: سر! یہ لڑکا کیا فلم میں کام کرے گا ؟

پرساد: فلمی دنیا میں کسی کے بارے میں کچھ نہیں کہا جاسکتا ۔ پتہ نہیں لوگوں کو کس لداکار کی کون سی ادا پسند آجائے اور وہ اسٹار سے سُپر اسٹار بن جائے ۔

راجو: پھر آپ اسے اپنے مقابلے میں کیوں کھڑا کررہے ہیں ؟

پرساد: میں اسے اپنے مقابلہ سے ہٹا رہا ہوں ۔ اس کی سیڑھی بنا کر مجھے چڈھا صاحب تک پہنچنا ہے ۔ چڈھا صاحب ہائی کمانڈ کے لیڈر ہیں ۔ ان کے ہاتھ میں الیکشن کے ٹکٹ دینے کا کام ہے ۔ میں اس لڑکے کا اس وقت تک استعمال کروں گا جب تک میں پالٹیکس میں نہ پہنچ جاؤں ۔ اوپر پہنچنے کے بعد سیڑھی کی کوئی ضرورت نہیں ہوتی ۔

راجو: لیکن اس کی فلم ؟

پرساد: وہ تو بنتی رہے گی ۔ اس کے مقابلے میں ایک سنیئر آرٹسٹ کھڑا کر دیں گے ۔ اس کے سامنے وہ گھبرا جائے گا ۔ اس کی ایکٹنگ خراب ہوگی اور وہ فلم پٹ جائے گی ۔ پہلی ہی فلم میں مخالف آؤٹ !

راجو: لیکن فلم بنانے کا خرچ ۔ وہ تو پانی میں جائے گا ۔

پرساد: وہ پیسہ میں لگاؤں گا ۔ انکم ٹیکس بچانے کے لیے کبھی کبھی نقصان کے کام بھی کرنے پڑتے ہیں ۔

راجو: سر! یو آر رئیلی جینئس!

(پرساد قہقہہ لگاتا ہے)

پرساد: آج کا پروگرام کیا ہے ؟

راجو: آج سارے پروگرام کینسل کر دیے ہیں ۔

پرساد: اوہو! " الٹی گنگا " کا پریمیئر! یاد ہے نہ ۔

راجو: سر! یہ فلم سُپر ہٹ ثابت ہوگی ۔

پرساد: گنگا کا نام میرے لیے بہت لکی ہے۔

راجو: اور بھینس؟

پرساد: جس فلم میں بھینس آجائے وہ فیل ہو ہی نہیں سکتی۔

راجو: اس فلم میں بھینس کے دو سین ہیں۔

پرساد: تب یہ فلم گولڈن جوبلی منائے گی ___ یہ میری پہلی فلم ہے جس میں میں نے سیریس رول کیا ہے۔

(نوکر اندر آکر کہتا ہے "رام کھلاون آیا ہے"۔)

پرساد: (ناراضگی سے) یہ اس وقت کہاں آ گیا؟

راجو: آپ کے بچپن کا دوست ہے۔

پرساد: ٹھیک ہے ___ لیکن یہ لوگ غلط وقت پر کیوں آجاتے ہیں؟ اسے پیسے کی ضرورت ہے اس لیے آیا ہوگا۔

راجو: بُلالوں؟

پرساد: ٹھیک ہے ___ بُلالو!

(رام کھلاون وہی اپنی پرانی طرز کے کپڑوں میں آتا ہے اور "پرساد بھائی" کہہ کر گلے ملنے کے لیے آگے بڑھتا ہے)

پرساد: ارے ذرا دُور سے بھیا! کپڑے خراب ہوجائیں گے۔

(رام کھلاون سہم کر کھڑا ہوجاتا ہے)

پرساد: ہاں بتاؤ کیا کام ہے؟ میں ذرا جلدی میں ہوں۔

رام کھلاون: کام کاہے کا بھیا! آج تمہاری فلم ریلیز ہونے والی ہے۔ اخبار میں تمہارے بڑے بڑے فوٹو دیکھے۔ طبیعت خوش ہوگئی ___ تمہاری بھابی نے خاص تمہارے لیے یہ لڈو بنائے ہیں۔ کہتی تھی پرساد بھائی کو بہت پسند ہیں اپنے ہاتھوں سے کھلا کر آؤ۔

(ایک میلی کچیلی تھیلی سے لڈو نکال کر کھلانے کے لیے آگے بڑھتا ہے)

پرساد : ارے ... یہ کیا؟ تم جانتے ہو میں یہ لڈو کھا نہیں سکتا۔

رام کھلاون: کیوں ڈائی بیٹیس ہو گیا کیا؟

پرساد : وہ بات نہیں ـــ لیکن یہ اتنی گندی تھیلی اور پھر تم نے ہاتھ بھی نہیں دھوئے ہوں گے ـــ

رام کھلاون: ایک تھالی میں بیٹھ کر کھائے ہیں ہم ـ اب یہ ہاتھ گندے ہو گئے!

پرساد : وہ زمانہ اور تھا۔

رام کھلاون: ہاں بھیا! زمانہ بدل گیا ہے ـ اب وہ کرشن بھگوان کا زمانہ نہیں وہ تو راجہ تھے انہوں نے اپنے غریب دوست سُداما کے پوہے کتنے چاؤ سے کھائے تھے۔

پرساد : وہ بھگوان تھے میں انسان ہوں ـــ اچھا ـــ اب میرے پاس زیادہ وقت نہیں ہے پھر کبھی آنا۔

رام کھلاون: اب کبھی نہیں آئیں گے بھائی! اپنے گندے ہاتھ اپنی گندی صورت لے کر کبھی نہیں آئیں گے ـــ اچھا رام رام ـــ

(رام کھلاون روتا ہوا چلا جاتا ہے اور فون کی گھنٹی بجتی ہے)

راجو : (فون اٹھاتا ہے) کون کروڑی مل سیٹھ! ہاں ہاں پرساد کمار جی....

پرساد : کہہ دو گھر میں نہیں ہیں۔

راجو : (فون پر ہاتھ رکھ کر) سر! کروڑی مل سیٹھ کا فون ہے جس نے آپ کو اسٹار بنایا۔

پرساد : وہ بھی اس احسان کے دام وصول کرنے آنا چاہتا ہوگا ـ کہہ دو ـــ بعد میں فون کرنا۔

راجو : (اداس لہجہ میں) سیٹھ جی! بعد میں فون کرنا ـــ آج نہیں ـــ کل!

(فون رکھ دیتا ہے)

(اسٹیج پر دھیرے دھیرے اندھیرا چھا جاتا ہے ـــ پرساد ہاتھ میں ہار لیے کھڑا ہے ـــ ایک کھادی دھاری لیڈر اندر آتے ہیں۔ وہ چڈھا صاحب ہیں ـــ انیل کے والد جو ہائی کمانڈ کے

ممبر ہیں - انیل بھی ساتھ ہے -)

پرساد: دھنیہ بھاگ ہمارے! ویل کم چڈھا صاحب! آج جھونپڑی کے گھر بھگوان پدھارے ہیں۔

(ہار پہناتا ہے)

چڈھا: انیل کہہ رہا تھا آپ کو پالیٹکس میں دِل چسپی ہے۔

پرساد: دل چسپی کیسی صاحب! بس جنتا کی سیوا کا شوق ہے۔ نام، شہرت، دولت سب کمالی، اب سوچتا ہوں اپنا جیون جنتا کی سیوا میں بسر کروں۔

چڈھا: ہماری پارٹی کو آپ جیسے لوگوں کی ضرورت ہے۔

پرساد: حکم دیجیے بندہ حاضر ہے۔

چڈھا: میرا ایک پرپوزل ہے۔ یہاں کے ایک علاقے سے اپوزیشن کا ایک مشہور لیڈر پارلیمنٹ کے لیے کھڑا ہو رہا ہے ــــ میں سوچتا ہوں ــــ آپ اس علاقے سے کھڑے ہو جائیں۔

پرساد: پارلیمنٹ!

چڈھا: جی ہاں! اونچی چھلانگ لگائیے۔

پرساد: (چڈھا کے پاؤں پر جھک جاتا ہے) چڈھا صاحب! اگر ایسا ہوا تو میرے برسوں کا خواب پورا ہو جائے گا۔

چڈھا: یہ خواب نہیں حقیقت ہے ــ مجھے یقین ہے تم ضرور جیت جاؤ گے!

پرساد: آپ کا گائیڈنس چاہیے۔

چڈھا: وہ تو ہمیشہ تمہارے ساتھ رہے گا۔

پرساد: آپ جیسا بھی کہیں گے میں کروں گا۔

(روشنی تیزی سے گھومتی ہے .... بیک گراؤنڈ میں ایک گیت گونجتا ہے ــــ سمے گزرتا جائے .... گیت رک جاتا ہے)

ریڈیو پر اناؤنسر کی آواز :

"ایک تازہ چناؤ سماچار سنیے —— ابھی ابھی خبر ملی ہے کہ مشہور فلمسٹار پرساد کمار اپنے پرتی دندوی ایڈوکیٹ گپتا کو بیس ہزار ووٹوں سے ہرا کر لوک سبھا کا چناؤ جیت گئے ہیں —)

(پردہ گرتا ہے)

تیسرا ایکٹ

(پرساد کمار کا بنگلہ ۔ دیوار پر مہاتما گاندھی کی تصویر لگی ہے ۔ راجو اندر آتا ہے اس نے کھادی کے کپڑے پہن رکھے ہیں)

راجو: (نوکر کو آواز دیتا ہے) کشن! جلدی آؤ!

(نوکر بھی کھادی کے کپڑوں میں آتا ہے)

راجو: دیکھو۔ صاحب آج دلّی سے واپس آ رہے ہیں۔ پارلیمنٹ کا سیشن ختم ہو گیا ہے۔

کشن: اب اس کی عادت پڑ گئی ہے راجو بھیا! دو سال سے صاحب کا ایک پاؤں دلّی میں ہے ایک بمبئی میں۔

راجو: ایک میان میں دو تلواریں نہیں رہتیں ۔۔۔ ادھر یہ پروڈیوسر لوگ الگ پریشان کر رہے ہیں۔ صاحب نے فلمیں بھی تو سائن کر رکھی ہیں۔

کشن: پھر بھی صاحب اب بھی سپر اسٹار ہیں بھیا!

(فون آتا ہے)

راجو: کون.... رام داس جی! نمسکار ۔۔ فرمائیے ۔۔۔ جی ہاں آج آنے والے ہیں۔ صاحب سے انٹرویو لینا ہے؟ اجی اب کتنی بار انٹرویو لیں گے آپ ۔۔؟ ہر بار وہی سوالات ۔۔۔ گپتا جی جیسے ملنے ہوئے لیڈر کو ہرا کر آپ کیسے جیت کر آئے... ارے بھئی! ہوائی جہاز کا کہیں بیل گاڑی سے مقابلہ ہوا ہے؟ ہمارے صاحب ہیں ہوائی جہاز اور گپتا جی بیل گاڑی ۔۔۔ منسٹر بن رہے ہیں؟ جی نہیں... غلط خبر ہے۔ صاحب کو منسٹری سے کوئی دل چسپی نہیں ہے۔ وہ کنگ میکر ہیں۔

(باہر کار رکنے کی آواز آتی ہے۔ کشن دوڑتا ہوا باہر جاتا ہے

ایک اور سپر اسٹار (ڈراما) قاضی مشتاق احمد

۷۶

باہر جا کر سوٹ کیس اٹھا کر اندر آتا ہے۔ اس کے پیچھے پرساد کمار جو دھیوری کوٹ پہنے ہوئے۔ ان کے پیچھے پیچھے ورکروں کی بھیڑ)

پرساد: (صوفہ پر بیٹھتے ہوئے) اس بار پارلیمنٹ میں ویڈیو پیریسی کا مسئلہ اٹھایا۔ فلم انڈسٹری کو اگر کسی بات سے نقصان ہوا ہے تو وہ ہے ویڈیو پیریسی۔

ایک ورکر: وہ ہمارے علاقہ میں ادیباسی وکاس کا پراجیکٹ منظور کرنا تھا۔

پرساد: ہو جائے گا بھئی!

دوسرا: اور صاحب! وہ ہمارے علاقہ میں شوگر فیکٹری کا پرپوزل تھا۔

پرساد: دیکھو اس وقت میرے سامنے بہت سے مسائل ہیں۔ فلموں پر ٹیکس کا مسئلہ ہے۔ میں کہتا ہوں فلموں پر ٹیکس چاہیے ہی کیوں؟ ڈرامے ناٹک پر ٹیکس نہیں فلموں پر کیوں؟ اور فلم سٹاروں کو کنسیشن ہیں؟ ان کو انکم ٹیکس معاف کیوں نہیں ہوتا؟ کیا وہ محنت نہیں کرتے؟

ورکر: صاحب! آپ نے الیکشن کمپین میں وعدہ کیا تھا کہ جیتے ہی ہمارے علاقہ میں اریگیشن ڈیم منظور کرا دیں گے۔

پرساد: میں نے ہر بات کی پرائرٹی (Priority) فکس کی ہے۔ پہلے ویڈیو، فلم سٹاروں کے انکم ٹیکس کا مسئلہ تو حل ہو جائے اور ہاں انکم ٹیکس کے چھاپے فلم سٹاروں پر کیوں؟

ورکر: بھیا! وہ آپ کے علاقہ میں جو فساد ہوا تھا اس کے بارے میں ....

پرساد: کوئی آفیسر انکوائری کر رہا ہے نہ اور کیا چاہیے؟

ورکر: اس بار بارش بھی نہیں ہوئی، قحط پڑنے والا ہے۔

پرساد: تو کیا میں بارش کرا دوں! کیا پرابلمز لے کر آ جاتے ہیں آپ لوگ۔ ادھر فلم انڈسٹری چھاپوں سے پریشان ہیں اور آپ بارش سے ــــ کس کس کے لیے کام کروں؟

ورکر: آپ کو ہم سب کے لیے کام کرنا ہوگا۔ ہم نے آپ کو پارلیمنٹ میں فلم انڈسٹری کا نمائندہ

نیا کر نہیں بھیجا۔

پرساد: مانتا ہوں — لیکن فلم انڈسٹری نے میرے لیے کتنا کام کیا ہے کتنے فلمسٹار آئے گاؤں گاؤں میں جلسے کیے ان کے احسان بھول جاؤں؟

ورکر: وہ لوگ ہوائی جہازوں پر آئے — کاروں میں گھومے — ہم — ہم تو پیدل — سائیکلوں پر آپ کے لیے گاؤں گاؤں بھٹک رہے تھے۔

پرساد: تم سے کس نے کہا تھا پیدل گھومنے کے لیے؟ بس سے جاتے — میں ٹکٹ کے پیسے ادا کر دیتا۔

ورکر: ہم نے پیسوں کے لیے آپ کا کام نہیں کیا صاحب! ہم تو چاہتے تھے کہ آپ کے دلی میں گہرے تعلقات ہیں۔ ان تعلقات کا فائدہ ہمارے علاقہ کو ملے — اسی اُمید میں ہم لوگ آپ کے لیے جی جان سے کام کر رہے تھے۔

پرساد: تم لوگ کام نہ بھی کرتے تو میں چن کر آجاتا — میں سپر اسٹار ہوں۔

ورکر: ہم نے آپ کو فلمسٹار نہیں بلکہ اپنا نیتا سمجھ کر چنا ہے۔

پرساد: احسان کیا ہے مجھ پر — اور میں کسی کا احسان نہیں رکھتا۔ کہو تمہیں کتنا پیسہ چاہیے؟

ورکر: پیسے سے آپ جانور خرید سکتے ہیں، انسان نہیں!

دوسرا ورکر: ارے — اتنے طیش میں کیوں آتے ہو؟ — بابوجی کو ابھی راج کارن کا تجربہ نہیں ہے۔

ورکر: تو پہلے راج کارن کا تجربہ لیتے پھر آتے الیکشن لڑنے۔ جس نے ساری زندگی ہماری سیوا میں گزار دی ہم نے اسے ہی الیکشن میں ہرا دیا۔

پرساد: تو لوٹ جاؤ اس کے پاس — مجھے ایسے ورکرس نہیں چاہئیں جو میرے منہ پر مجھے بُرا کہتے ہیں۔

ورکر: ہم کوئی آپ کے فلمی چمچے نہیں کہ آپ کی ہر بات پر واہ واہ کریں!

دوسرا ورکر: پرساد صاحب! آپ بھی ذرا صبر سے کام لیجیے — اب لوگوں کے کام نہیں

ہو رہے ہیں اِس لیے وہ پریشان ہیں۔ آپ فلموں میں کام بھی کر رہے ہیں اور راج کارن بھی کر رہے ہیں دونوں کام ایک ساتھ کیسے چلیں گے؟

پرساد: فلموں میں کام کرنا میرا پیشہ ہے اور راج کارن میرا شوق ۔۔۔ میں شوق چھوڑ سکتا ہوں لیکن پیشہ نہیں ۔۔۔ جس پیشے نے مجھے اتنی عزّت دی اُسے میں بھول جاؤں؟

ورکر: تو جاؤ فلموں میں ۔۔۔ وہیں جا کر ناچ دکھاؤ ۔۔۔ لوک سبھا راجہ اندر کا اکھاڑہ نہیں ہے کہ لوگ وہاں آپ کا ناچ دیکھ کر خوش ہوں گے ۔ دھوکہ باز! لوگوں سے الیکشن کے وقت جو وعدے کیے وہ بھول گئے کیا؟

پرساد: نکل جاؤ یہاں سے ۔ میرے گھر میں آ کر میری بے عزّتی کرتے ہو؟

ورکر: سڑکوں پر نکلنا مشکل کر دیں گے ہم لوگ ۔۔۔ تمہاری زنانی فیشن دیکھ کر خوش ہونے کے دن گئے ۔ مرد ہو تو مرد کی طرح آؤ میدان میں ۔

(لوگ سمجھا بجھا کر اس ورکر کو باہر لے جاتے ہیں)

پرساد: راجو! کشن سے کہہ کر گیٹ بند کر دو ۔ اب کوئی اندر آنے نہ پائے ۔

راجو: سیٹھ کروڑی مل آئے ہیں ۔

پرساد: اُن سے کل آنے کے لیے کہو ۔

راجو: دو منٹ مل لیجیے ۔۔۔ میں نے وعدہ کیا تھا کہ آج آپ سے ضرور ملاؤں گا ۔

پرساد: (بیزاری سے) بُلا لو ۔

(کروڑی مل اندر آتا ہے)

پرساد: (بے رُخی سے) آؤ کروڑی مل! اور سناؤ کیا مانگنے آئے ہو؟

کروڑی مل: میں کچھ مانگنے نہیں کچھ لوٹانے آیا ہوں ۔

پرساد: کیا؟

کروڑی مل: آپ نے میری فلم "رام تیری گنگا اُجلی" کے لیے جو پیسہ لگایا تھا وہ میں لوٹا چکا ہوں فلم کامیاب ہو گئی ۔۔۔ اب جو نفع ملا ہے اس میں سے وعدے کے مطابق آپ کے حصّہ کا چیک لایا ہوں ۔ (چیک دیتا ہے)

پرساد: اوہ! ہم تو یہ بھول گئے تھے۔

کروڑی مل: تم بہت کچھ بھول گئے ہو پرساد! شاید یہ بھی بھول گئے کہ تمہیں فلموں میں پہلا چانس میں نے دیا تھا۔

پرساد: تم شاید یہ بھول رہے ہو کہ مجھے فلموں میں چانس دینے سے پہلے تم کیا تھے ــــ تھرڈ کلاس پروڈیوسر ــــ جس کے پاس فلم بنانے کے لیے بھی پیسہ نہیں تھا۔

کروڑی مل: تھرڈ کلاس پروڈیوسر تو میں آج بھی ہوں لیکن انسان فرسٹ کلاس ہوں اور فرسٹ کلاس انسان کسی کا احسان نہیں بھولتا!

پرساد: اس دنیا میں انسان دو کوڑی میں بکتا ہے کروڑی مل!

کروڑی مل: کچھ انسان ضرور بکاؤ ہوتے ہیں لیکن کچھ انسانوں کے چہروں پر ہی لکھا ہوا ہے "انسان ــــ ناٹ فار سیل"۔ میں دوسری قسم کا انسان ہوں۔

پرساد: تم میری حیثیت سے جل رہے ہو۔ تم جانتے ہو کہ آج میری پوزیشن کیا ہے؟ کل کا بھینسوں کا بیوپاری ــــ آج لاکھوں کا بیوپاری ہے ــــ مٹی کو ہاتھ لگا دے تو سونا بن جائے۔

کروڑی مل: اس دنیا میں کبھی کبھی مٹی بھی سونے کے بھاؤ بکتی ہے۔ لیکن مٹی مٹی ہوتی ہے اور سونا سونا۔

پرساد: میں سونا نہیں پارس ہوں۔ لوہے کو ہاتھ لگا دوں وہ سونا بن جائے۔

کروڑی مل: کاش! دنیا میں ایسا کوئی پارس ہوتا کہ آدمی کو لگاتے اور وہ انسان بن جاتا۔

پرساد: آدمی کی قیمت اس کی کمائی ہوئی دولت سے ہوتی ہے۔

کروڑی مل: دولت تو راستہ پر کھڑی ہوئی رنڈی بھی کماتی ہے لیکن پرساد! لوگ اس مزدور کی عزت زیادہ کرتے ہیں جو اپنے پسینہ کی کھاتا ہے۔

پرساد: تو کیا میں محنت کی نہیں کھاتا؟

کروڑی مل: مجھے اس سے مطلب نہیں۔ میں چیک دینے آیا تھا، واپس جا رہا ہوں۔

پرساد: ارے تم تو خفا ہو گئے! سناؤ کون سی فلم بنا رہے ہو؟

کروڑی مل : "شیطان کی اولاد" انیل چڈھا کو لے کر۔

پرساد : (ہنستے ہوئے) ارے! انیل کا باپ تو بہت شریف آدمی ہے۔ خیر — چھوٹے بجٹ کی فلم ہوگی!

کروڑی مل : میری ہر فلم چھوٹے بجٹ کی ہوتی ہے۔

پرساد : جب بڑے بجٹ کی فلم بناؤگے ہمیں یاد کرلینا۔

کروڑی مل : آپ جیسے نمبر وَن اسٹار کو دینے کے لیے میرے پاس ۱۶ لاکھ روپے کہاں ہیں؟ اس بجٹ میں میری پوری فلم بن جاتی ہے۔

پرساد : چھوٹے آدمی کی چھوٹی فلمیں۔

کروڑی مل : ایسا ہی سمجھ لیجیے۔

پرساد : بیسٹ آف لک — میرا آفر یاد رکھنا جب میری ضرورت پڑے مجھے یاد کرلینا۔

کروڑی مل : چھوٹے آدمی کو بڑے آدمی کی کبھی ضرورت نہیں پڑتی — ہاں کبھی کبھی چھوٹے آدمی بڑے آدمیوں کے کام آجاتے ہیں — اگر ضرورت ہوئی تو اس چھوٹے آدمی کو یاد کرلینا بڑے صاحب!

(کروڑی مل باہر چلا جاتا ہے)

(کروڑی مل کے جاتے ہی رچنا آتی ہے)

پرساد : اوہ ہلو رچنا! کیسی ہو؟

رچنا : سب آپ کی مہربانی ہے۔

پرساد : تمہارے اُس انیل چڈھا کا سنتے ہیں بہت نام چل رہا ہے۔

رچنا : چل گیا ہے۔ پچاس فلمیں سائن کی ہیں۔

پرساد : بے وقوف! اپنے آپ کو بے دردی سے خرچ کر رہا ہے۔

رچنا : اُس میں آپ کی بات کہاں؟ — وہ مدراس کی فلم کا کیا ہوا؟

پرساد : مجھے یاد ہے — ذرا فرصت ملی تو وہ فلم سائن کروں گا — ہیروئین اُن کو اس تم رہوگی۔

رچنا : تھینک یو سر!

پرساد : ارے اس میں تھینک یو کی کیا ضرورت ہے۔ کوئی اور کام ہو تو بتاؤ۔

رچنا : آپ دلّی میں ہیں مجھے اس سال راشٹریہ ایوارڈ ملنا چاہیے۔

پرساد : تم نے کسی ایسی فلم میں کام کیا ہے جو بری طرح ناکام ہو گئی ہو؟

رچنا : ہاں ہاں ایک ہے — "اہنسا اس دَور کی ضرورت ہے"۔

پرساد : اتنا بڑا نام؟

رچنا : آرٹ فلم ہے سر!

پرساد : پھر تو تمہیں آرٹ فلم کے نام پر ایوارڈ ملنے میں آسانی ہوگی — اور تم سُنا رہی ہو کہ فلم بری طرح پٹ گئی — ایوارڈ ایسی ہی فلموں کو ملتا ہے۔

(فیڈ آؤٹ)

(پرساد کمار کے بنگلہ میں تھوڑی تبدیلی کے ساتھ فلم کی شوٹنگ کی تیاری ہو رہی ہے — ایک کلاکار شنکر بھگوان کے میک اپ میں تانڈو نرتیہ کی ریہرسل کر رہا ہے — ڈانس ڈائرکٹر اُسے ڈانس کا طریقہ سمجھا رہا ہے۔

راجو : دیکھو صاحب کو صرف دس منٹ ٹائم ہے۔ ان کے صرف کلوز اپ لے لو۔ آپ کو جلدی تھی اس لیے بڑی مشکل سے ٹائم نکالا ہے۔

ڈانس ڈائریکٹر : یہ فلم کے کلائمکس کا حصّہ ہے اس لیے صاحب کے کلوز اپ ضروری ہیں۔ ورنہ ہم ڈپلی کیٹ سے کام لیتے۔

راجو : صاحب کا — میک اپ — ہو رہا ہے آپ ریہرسل کر لیجیے۔

(میوزک پر ڈمی تانڈو نرتیہ کی ریہرسل کرتا ہے — اتنے میں پرساد شنکر کے میک اپ میں آجاتا ہے — ڈانس کی شوٹنگ شروع ہو جاتی ہے — پرساد کے کلوز اپ لیے جاتے ہیں —

شوٹنگ ختم کر کے یونٹ والے باہر چلے جاتے ہیں)

راجو: سر! جادھوراؤ کا نٹریکٹر آئے ہیں۔ وہ کہہ رہے ہیں بہت ضروری کام ہے ابھی ملنا ضروری ہے۔میں نے کہا صاحب کو میک اپ تو اتار نے دو لیکن وہ سننے کے لیے تیار نہیں!

پرساد: جاؤ! انہیں فوراً اندر بھیج دو۔ بہت اہم آدمی ہیں وہ۔

(جادھوراؤ فرکیپ پہن کر غنڈہ ٹائپ کپڑوں میں اندر آتا ہے)

پرساد: کہو جادھوراؤ: کیا مصیبت آن پڑی؟

جادھوراؤ: آپ ہمارے ساتھ ہیں تب کیسی مصیبت؟ لیکن ایک مشکل پیدا ہوگئی ہے۔

پرساد: کیا ہوا؟

جادھوراؤ: ہماری کمپنی نے دو مہینے پہلے ندی پر جو پل بنایا تھا وہ گر گیا۔

پرساد: کیسے گر گیا؟

جادھوراؤ: ملاوٹ کرنے میں گڑبڑ ہوگئی۔

پرساد: تمہیں سیمنٹ میں ملاوٹ کرنے کی بھی عقل نہیں ـــــ میرے پارٹنر بنے پھرتے ہو!

جادھوراؤ: غلطی تو ہوگئی صاحب! اب کیا کریں وہ انجینئر کا بچہ جسے اس کام پر رکھا تھا گڑبڑ کر گیا۔ دیکھ لوں گا سالے کو!

پرساد: سب جانتے ہیں کہ یہ پل ہماری کمپنی نے بنایا ہے۔ اگر انکوائری ہوئی تو تمہارے ساتھ میں بھی ڈوب جاؤں گا۔

جادھوراؤ: کس کی ہمت ہے صاحب! آپ کو ڈبا دے ـــ کہہ دیں گے اس سال بارش زیادہ ہوگئی۔

پرساد: بارش سے پل گرنے کا کیا تعلق ہے؟

جادھوراؤ: میرا بھیجا تک دماغ چلنے تک بات کرتا ہوں۔ آپ کو یہ خبر دینے آیا ہوں، کہ اس پل کی انکوائری کے لیے متل صاحب آ رہے ہیں ـــــ جنہیں آپ نے منسٹر بنایا ہے۔

پرساد: وہ ٹھیک ہے لیکن میں اس سے کیا کہوں؟

جادھو: کہنا آپ کا کام ہے کرنا اپنا کام۔ آپ نے کہا بجٹ کم کرو میں نے کر دیا۔ آپ نے کہا پانچ ہزار سیمنٹ کی بوریاں کم استعمال کرو میں نے آٹھ ہزار بوریوں کی بچت کی۔ آپ نے کہا ملاوٹ کرو میں نے کیا۔ آپ نے کہا آدھی رقم آپ کے بھائی کے نام سوئز بینک میں....

پرساد: بکو مت!

جادھوراؤ: زیادہ طیش کھانے کی ضرورت نہیں صاحب! یہ جادھوراؤ ڈوبے گا تو اکیلا نہیں دو چار کو لے کر جائے گا۔ متل صاحب اگر ادھر آگیا تو واندا ہو جائے گا۔ آپ ادھر ٹانڈو نیرتیہ کر رہے ہیں وہ ادھر آکر کرے گا ـــــ انکوائری۔ پولیس کیس اور نہ جانے کیا کیا مصیبت؟ اگر اپنے اوپر مصیبت آگئی نہ صاحب! تو اپن چپ رہنے والے نہیں!

پرساد: میرے ہوتے ہوئے تم پہ کیا مصیبت آسکتی ہے ـــــ؟ اس وقت متل کہاں ہے؟

جادھوراؤ: یہیں بمبئی میں ـــــ سرکاری گیسٹ ہاؤس میں ٹھہرے ہیں۔ کل صبح انکوائری کے لیے جا رہے ہیں۔

(پرساد فون اٹھا کر گھماتا ہے)

پرساد: ریڈی! میں پرساد کمار ـــــ متل صاحب آج یہاں آئے ہوئے ہیں جہاں بھی ہیں کانٹیکٹ کرو ـــ اور آج ان کا رات میں ڈنر میرے ساتھ ہوگا ـــ

(فون بند کرتا ہے)

پل گرنے سے کوئی اور نقصان ہوا؟

جادھوراؤ: کوئی خاص نہیں ـــ دس مچھیرے پل کے نیچے دب کر مر گئے ـــ

پرساد: ان لوگوں کی فوراً مدد کرو اور اگر ہو سکے تو ان کے خاندان وہاں سے فوراً ہٹا دو، انکوائری کے وقت ان کا وہاں موجود ہونا ٹھیک نہیں!

جادھوراؤ: جب انکوائری ہی ہورہی ہے تو ان کے وہاں رہنے نہ رہنے سے کیا ہوگا؟ میرا کہنا ہے انکوائری نہیں ہونی چاہیے۔

پرساد: اپنے آپ کو راشٹر بھکتی سمجھتے ہو ——؟ میں پوری کوشش کروں گا لیکن اس کے باوجود اگر متل نہیں مانا تو مجھے بھی تانڈو نرتیہ کرنا پڑے گا —— اور اپنی تیسری آنکھ کھولنا پڑے گی —— تیسری آنکھ کھولنے کا مطلب ہے تباہی —— بربادی!

جادھوراؤ: کس کی؟

پرساد: جو بھی ہمیں برباد کرنے کی کوشش کرے گا —— تم فوراً جاؤ اور مچھیروں کا انتظام کرو باقی میں نپٹ لیتا ہوں۔

(جادھوراؤ چلا جاتا ہے —— پرساد راجو کو آواز دیتا ہے —— اور کہتا ہے "رچنا کو فوراً کانٹیکٹ کرو اور کہو کہ میں نے اسے فوراً بلایا ہے —— راجو فون پر کانٹیکٹ کر کے کہہ دیتا ہے —— اتنے میں ایک آدمی کرناٹکی لباس میں آتا ہے)

راجو: آئیے شنکر راؤ جی! کہیے دھن بن گئی؟

شنکر راؤ: ایک نیا Experiment کیا جی —— تانڈو نرتیہ کے اوپر غزل ڈالے گا تو کیسے لگے گا؟ فار اکزامپل —— (کانڑی لہجہ میں) یہ نہ تھی ہماری قسمت —— کہ وصالِ یار ہوتا —— اس کے بعد تانڈو نرتیہ —— پھر میوزک کا پیس —— پھر غزل۔

راجو: تانڈو نرتیہ پر غزل؟ اور وہ بھی غالب کی۔

شنکر راؤ: ایک اکزامپل دیا جی! غالب کو اب کائے کو لائے گا وہ ہے نہ اپنا شاعر —— کیا نام ہے دیوانہ!

راجو: میرا خیال ہے اس سچویشن پر غزل ٹھیک نہیں رہے گی۔

شنکر راؤ: آج کل سچویشن کون دیکھتا جی؟ ادھر ناچ ادھر گانا —— گانا کیسا کیوں

نہیں یہ گانا مانگتا۔ ایک غزل ـــ ایک بھانگڑا ـــ ایک پاپ سانگ ـــ اپن سب اکیدم دیتا جی۔

راجو: وہ ٹھیک ہے لیکن اِدھر کیسے پدھارے؟

شنکر راؤ: پروڈیوسر بولا تم پرساد کمار جی کا اپروول لو اور پھر غزل ڈالو کہ ٹھمری۔

راجو: ساری شنکر راؤ جی! اِس وقت صاحب بہت تھک گئے ہیں ابھی ابھی ایک فلم کی شوٹنگ ختم ہوئی۔ آپ کل کیوں نہیں آجاتے ـــ ورنہ ایسا کیجیے، میں ہی آپ کو فون کر دوں گا۔

شنکر راؤ: او، کے جی ـــ یہ صاحب کو بولنا ـــ اس بار شنکر راؤ سارے ایکسپریمنٹ کرنا مانگتا ـــ اپن اکیدم میوزک کا فام بدل دے گا جی!

راجو: بیسٹ آف لک!

(شنکر راؤ جاتا ہے اور رخینا آتی ہے)

رخینا: کیا بات ہے راجو؟ بہت ارجنٹ میسج دیا ہے۔

راجو: صاحب نے بلایا ہے کوئی ارجنٹ کام ہے شاید۔

(پرساد کپڑے تبدیل کر کے اور میک اپ اُتار کر آتا ہے۔ اس کے آتے ہی راجو باہر چلا جاتا ہے)

پرساد: ہلو رخینا! کیسی ہو؟

رخینا: اچھی ہوں ـــ اتنا ارجنٹ بلایا ہے۔

پرساد: کام ہی ایسا ہے۔

(میوزک کی آواز تیز ہو جاتی ہے۔ پرساد اس کے کان میں کچھ کہتا ہے لیکن سنائی نہیں دیتا ـــ صرف ہونٹ ہلتے ہوئے نظر آتے ہیں)

رخینا: اس کام میں میری بدنامی ہوگی۔

پرساد: بدنام نہ ہوں گے تو کیا نام نہ ہوگا ـــ ہم فلمسٹاروں کے لیے بدنامی بہت

ضروری ہے۔ ہمیں نیوز میں رہنے کے لیے طرح طرح کے اسکینڈل کرنے پڑتے ہیں۔
اخبار والوں کو پارٹیاں دینا پڑتی ہیں۔ ان کے سامنے پریم کے ناٹک کھیلے جاتے ہیں۔
ہزاروں کا خرچ ہوتا ہے۔ اس کام میں تو مفت کی پبلسٹی ہے۔

رچنا: میں تو آپ کو اپنا گاڈ فادر مانتی ہوں ـــــ آپ جو بھی کہتے ہیں کرتی جاتی ہوں۔

پرساد: گڈ گرل! بٹ مجھے "گاڈ مین" کہو "گاڈ فادر" نہیں۔

رچنا: اوکے ـــ گاڈ مین!

پرساد: اپنے گھر پر میرے فون کا انتظار کرو۔ منسٹر رات ۹ بجے تک یہاں آئے گا ـــ تم رات ۹ بجے تک آجائے گا!

(فیڈ آؤٹ)

(روشنی اسٹیج پر پھیلتی ہے۔ پرساد کمار اکیلا صوفہ پر بیٹھا ہے۔
راجو دوڑتا ہوا اندر آتا ہے اور کہتا ہے ـــ "منسٹر صاحب
آگئے ـــ" پرساد کھڑے ہو کر منسٹر صاحب کا استقبال کرتا ہے
ـــ دونوں بیٹھ جاتے ہیں ـــ)

پرساد: راجو! اندر ڈرائنگ ہال میں سب انتظام کرو ـــ ہم آتے ہیں۔

(راجو چلا جاتا ہے)

متل: فرمائیے حضور! کیا حکم ہے؟

پرساد: اجی حکم کیسا اِلتجا ہے۔

متل: کہیے۔

پرساد: جادھو راؤ اینڈ کمپنی کے بنائے ہوئے پُل کی انکوائری سُنا ہے آپ کر رہے ہیں۔

متل: ٹھیک سُنا ہے آپ نے۔

پرساد: تب یہ بھی سنا ہوگا کہ اس کمپنی کا میں آدھے کا حصّہ دار ہوں۔

متل: سُنا ہے۔

پرساد : اچھا تو آپ جانتے ہوئے بھی انجان ہیں!

متل : دیکھو پرساد! دوستی الگ چیز ہے اور ڈیوٹی الگ چیز ہے۔

پرساد : یہ فرق میں بھی سمجھتا ہوں ـــ میں یہ بھی نہیں کہتا کہ آپ اپنی ڈیوٹی مت کیجیے۔

متل : پھر کیا چاہتے ہو؟

پرساد : میں چاہتا ہوں کہ آپ انکوائری کے لیے سائٹ پر نہ جائیے۔

متل : اِس پل کے ٹوٹ جانے سے لاکھوں کا نقصان ہوا۔ دس آدمی مر گئے اور آپ کہتے ہیں میں اس ڈپارٹمنٹ کا منسٹر ہو کر وہاں نہ جاؤں!

پرساد : آپ کے جانے سے پریشانیاں اور بڑھ جائیں گی۔

متل : کس کی پریشانیاں؟

پرساد : شاید آپ کی۔

متل : میں اپنی پریشانیاں دور کرنے کے طریقے جانتا ہوں۔

پرساد : یہ طریقے آپ جانتے تو منسٹر بننے کے لیے ہماری مدد کیوں لیتے؟

متل : اچھا تو منسٹر بنانے کی قیمت وصول کر رہے ہو؟

پرساد : دوست کا حساب دل میں ہوتا ہے متل! تم دوست ہو اس لیے کہہ رہا ہوں۔

متل : تم یہ چاہتے ہو میں جادھو راؤ جیسے بدمعاش کو چھوڑ دوں جو ملاوٹ کا سیمنٹ استعمال کر کے لاکھوں کی ہیر پھیر کرتا ہے ـــ لوگوں کی جان سے کھیلتا ہے۔!

پرساد : کس کے لیے کرتا ہے وہ یہ سب کچھ ـــ ہمارے لیے ہی نا ـــ تمہارے الیکشن کے لیے اس نے کیا نہیں کیا ـــ فنڈ دیا ـــ آدمی دیے ـــ ٹرکیں دیں، جان دینا باقی رہ گیا۔

متل : مجھے پارلیمنٹ میں اپوزیشن کو فیس کرنا ہے۔

پرساد : وہ تمہارا پرابلم ہے ـــ پہلوان کو تیار کر کے اکھاڑے میں کیوں بھیجا جاتا ہے؟ اس لیے نہ کہ وہ اپنے مخالف کو چت کر کے دکھائے۔

متل: میں لڑوں اور تم آرام سے کپڑے سنبھالو!

پرساد: داؤ پیچ سکھانے والا استاد اکھاڑے میں نہیں اُترتا متل! کُشتی شاگرد کو اکیلے ہی لڑنی پڑتی ہے۔

متل: اچھے استاد ہو۔ میرا کیریئر تباہ کرنے پر تُلے ہو۔

پرساد: تمہارا کیریئر تباہ نہیں کرنا ہے اس لیے کہہ رہا ہوں۔ یاد رکھو تم کانچ کے محل میں بیٹھے ہو۔ ایک پتھر ہی تمہارے محل میں دراڑ ڈالنے کے لیے کافی ہے۔

متل: تمہارے ارادے خطرناک نظر آتے ہیں۔

پرساد: جب بلّی کو موت سامنے نظر آتی ہے تو وہ خونخوار ہو جاتی ہے۔ تکلیف دینے والے کے گلے میں پنجے گاڑ کر خون پی جاتی ہے۔

متل: لیکن میں کیا کروں؟ اپنے آپ کو بلّی کے حوالے کر دوں؟

پرساد: نہیں۔ تم بیماری کا بہانہ کر کے یہیں رک جاؤ۔ کل ایک پریس کانفرنس لے کر پل کی انکوائری کے لیے کوئی کمیٹی بنانے کا اعلان کردو۔ اس کمیٹی میں دو۔ چار ریٹائرڈ جج یا آفیسر لے لو۔ وہ لوگ خود ہی انکوائری کے کام میں دیر کریں گے، اور جب تک اس کمیٹی کی رپورٹ آئے گی لوگ اس واقعہ کو بھول جائیں گے تب رپورٹ کو فائل کر دینا کوئی مشکل کام نہ ہوگا۔

متل: میں مجبور ہوں پرساد ابھی ایسا نہیں کر سکتا مجھے اُوپر سے ہدایت ملی ہے۔

پرساد: تب ہمارا سپورٹ ختم سمجھو۔ جس کرسی پر تم ہو وہ میری بنیاد پر قائم ہے۔ بنیاد اپنی جگہ سے ہلی، تو کرسی سے گر پڑو گے۔

متل: گریں گے تو سنبھل بھی جائیں گے۔

گرتے ہیں شہسوار ہی میدانِ جنگ میں

پرساد: ہم کوئی طفلِ مکتب نہیں کہ اپنی موت اپنی آنکھوں سے دیکھ لیں۔ اشارہ دینا ہمارا ہمارا کام تھا اب آگے تمہاری مرضی — Join us for the last supper!

متل: بروٹس! یو ٹو۔

پرساد : میں سینئر سے پیار کرتا ہوں لیکن اس سے پیاری بھی ایک چیز ہے ــــ وہ میں خود ــــ

متل : ہماری بربادی کا منصوبہ کیا ہے ؟

پرساد : ایک ہو تو بتاؤں وہ تمہارے بھتیجے کا سوئزرلینڈ کی بینک میں اکاؤنٹ۔

متل : میرا میرے بھتیجے سے کوئی تعلق نہیں ۔ وہ دس سال سے امریکہ میں ہے ۔

پرساد : تعلق نہیں ہے تو کیا تعلق جوڑا نہیں جا سکتا۔

متل : اس کا ثبوت ؟

پرساد : الزام لگانے والے ثبوت کی پرواہ نہیں کرتے ــــ اور ہاں وہ تمہارا ــــ نوجوان فلمسٹار رچنا سے کیا معاملہ چل رہا ہے ؟

متل : کون رچنا ــ ؟ میں نہیں جانتا ۔

پرساد : لیکن وہ تمہیں اچھی طرح جانتی ہے ــــ کل وہ پریس کو تمہارے تعلقات کے بارے میں سب کچھ بتا دے گی ــــ آج رات وہ پریس والوں کو تمہارے سرکاری گیسٹ ہاؤس سے باہر آتی ہوئی نظر آئے گی ۔

متل : یہ جھوٹ ہے ۔ بہتان ہے ۔

پرساد : لیکن کتنا خوب صورت ہے ! بدنام ہو کر راتوں رات مشہور ہو جاؤ گے ــــ منسٹری کی کرسی تو ہاتھ سے جائے گی ہی لیکن اگر بھابی نے ڈائیورس کی مانگ نہیں کی تو اپنے کو خوش قسمت سمجھو ــ گھر کے رہو گے نہ گھاٹ کے !

میتل : میں ان گیدڑ بھبکیوں سے ڈرنے والا نہیں پرساد ! ــــ تم جانتے ہو کہ تم کیا ہو !

پرساد : ہم تو بدنام ہی ہیں ــــ ایک دو اور بدنامیوں سے کوئی فرق نہیں پڑتا ــــ تم اپنی فکر کر لو ــــ گاڈ سیو یو ــــ مائی بائے ــــ اب اپنی گرل فرینڈ سے ملنا پسند کرو گے ــــ (آواز دیتا ہے) رچنا !

(رچنا اندر داخل ہوتی ہے)

متل : کون ہے یہ ؟

رچنا: (بہت قریب آکر) آپ کی گرل فرینڈ ۔ (متل کے گلے میں ہاتھ ڈال دیتی ہے)

(ایک فوٹو گرافر اندر آکر ان کے فوٹو نکال لیتا ہے)

متل: یہ کیا بے ہودگی ہے؟

رچنا: ڈارلنگ! اس بچے کا تو خیال کرو جو میری کوکھ میں پل رہا ہے۔

متل: بدمعاش ــــ بے وقوف ــــ آوارہ عورت!

پرساد: اپنی گرل فرینڈ کو برا بھلا نہیں کہتے پیارے۔

متل: پرساد! تم دھوکے باز ہو ــــ کمینے ہو۔

پرساد: میں صرف دھوکہ باز اور کمینہ ہی نہیں ــــ حرام زادہ بھی ہوں۔ جو میرے راستہ میں آتا ہے میں اسے ایسے نکال کر پھینکتا ہوں جیسے دودھ سے مکھی نکالی جاتی ہے۔

(روشنی تیزی سے گھوم رہی ہے ۔ اسٹیج پر دھیرے دھیرے اندھیرا چھا جاتا ہے)

(وہی جگہ ۔ ہال میں بہت سے اخبار والے جمع ہیں)

راجو: آپ پرساد صاحب سے کس سلسلے میں ملنا چاہتے ہیں۔

ایک: مسٹر متل کے اسکینڈل کے معاملے میں۔ آج صبح کے اخبارات آپ نے نہیں دیکھے۔ مس رچنا اور متل کی بے ہودہ تصویریں ہر اخبار میں چھپی ہیں۔

راجو: لیکن اس معاملے سے پرساد صاحب کا کیا تعلق ہے؟

دوسرا: پرساد صاحب ممبر آف پارلیمنٹ ہیں اور فلمی دنیا کے بھی نمائندے ہیں۔

راجو: دیکھیے ــــ صاحب آج بہت بزی ہیں ــــ ان کی فلم "ماضی کو بھول جاؤ" آج ریلیز ہونے والی ہے۔

ایک: دو منٹ کے لیے ملوا دیجیے۔

(راجو اندر جاتا ہے اور تھوڑی دیر میں پرساد اس کے ساتھ ہی باہر آتا ہے)

پرساد: آپ پریس والوں سے میری ایک شکایت ہے۔

ایک: کیا؟

پرساد: متل صاحب کی پرائیویٹ تصویریں چھاپنے کی کیا ضرورت تھی؟ کیا منسٹر انسان نہیں ہوتا اسے کسی سے پیار کرنے کا حق نہیں!

ایک: پیار کرنا ہے تو کھلے عام کرے چھپ چھپ کر ملنے کا مطلب کیا ہے؟

پرساد: یہ سوال تو آپ کو متل صاحب سے ہی پوچھنا چاہیے۔

دوسرا: آپ ان کی پارٹی کے ایک لیڈر ہیں اور آپ کے سپورٹ سے وہ منسٹر بنے ہیں۔

پرساد: میں انکار نہیں کرتا۔ آپ چھاپ سکتے ہیں کہ میں اپنا سپورٹ واپس لے رہا ہوں۔ ایک ایسے انسان سے میرا کوئی تعلق نہیں جس کا کیریکٹر خراب ہے ـــــ ہمیں دیکھیے ہم برسوں سے فلم انڈسٹری میں ہیں۔ پربھو شری رام ہمارے آدرش ہیں۔ ایک دھنی ایک تینی ـــــ میں چاہتا تو سینکڑوں ہیروئنوں سے تعلق بڑھاتا، لیکن میرا ہر ایک سے صرف پروفیشنل تعلق ہے۔

ایک: آپ کا خیال کیا ہے؟ کیا متل صاحب کا منتری منڈل میں بنے رہنا ٹھیک ہے؟

پرساد: میں سمجھتا ہوں انہوں نے فوراً استعفیٰ دینا چاہیے۔ ایسے انسان کو ایک منٹ بھی منتری منڈل میں رہنے کا حق نہیں ـــــ اب میں اجازت چاہوں گا۔ آج میری فلم "ماضی کو بھول جاؤ" ریلیز ہو رہی ہے....

دوسرا: ایک سوال اور .... کیا یہ صحیح ہے کہ جادھو راؤ کنسٹرکشن کمپنی میں آپ کا حصہ ہے؟

پرساد: بالکل ہے! میں نے اور بھی کئی انڈسٹریوں میں پیسہ لگایا ہے اور انکم ٹیکس میں باقاعدگی سے بھرتا ہوں۔

دوسرا: سوال انکم ٹیکس کا نہیں۔ سوال اس پل کا ہے جو جادھو راؤ کمپنی نے بنایا اور وہ ٹوٹ گیا۔ لاکھوں کا نقصان ہوا دس مچھیروں کی جانیں گئیں۔

پرساد: اس پل کا کمپلیشن کے بعد خود چیف انجینئر نے معائنہ کیا تھا، جب انہیں ہر طرح سے اطمینان ہو گیا کہ پل پورے احتیاط کے ساتھ بنایا گیا ہے تب ہی انہوں نے پاس کیا۔ آپ

چاہیں تو اس بارے میں کاغذات دیکھ سکتے ہیں۔

ایک: پھر پُل اتنی جلدی کیوں ٹوٹ گیا؟

پرساد: توڑ پھوڑ کی کارروائیاں تو ہر جگہ ہو رہی ہیں۔ اس پُل کو جانی مانی سازش کے تحت ڈائنامیٹ سے اڑا دیا گیا ہے ــــ

دوسرا: لیکن ایسا تو کوئی رپورٹ نہیں ــــ

پرساد: آپ میں سے کوئی وہاں گیا تھا؟ کسی نے وہاں جا کر اس کی تحقیقات کیں؟ ــــ سب کی طرف دیکھتا ہے) میں جانتا تھا وہاں کوئی نہیں گیا ــــ لیکن میں گیا تھا ــــ میں اپنے ساتھ اس حادثہ میں مرنے والے شیوا کولی کے بیٹے وشنو کو ساتھ لایا ہوں اگر آپ چاہتے ہیں تو میں اسی وقت اسے آپ کے سامنے پیش کر سکتا ہوں۔

اخبار والے: بیجیے ــــ کہاں ہے وہ!

پرساد: راجو! وشنو کو ان سب کے سامنے پیش کرو ــــ اچھا دوستو! اب میں چلتا ہوں ۔ میری موجودگی میں آپ کو سوالات پوچھنے میں کوئی تکلیف نہ ہو اس لیے میں جا رہا ہوں۔ رات میں پھر ملتے ہیں پریمئیر کے موقع پر ــــ ایک اور گزارش ہے پریمئیر کے موقع پر مجھ سے کوئی بھی سیاسی سوال مت پوچھیے ــــ

(پرساد چلا جاتا ہے اور راجو ایک بھولے بھالے نوجوان کو لے کر آتا ہے۔ وہ کچھ گھبرایا ہوا نظر آتا ہے۔)

راجو: وشنو! ان لوگوں کو سناؤ، پل ٹوٹتے وقت تم نے کیا دیکھا؟

وشنو: ہم ندی کے دوسرے کنارے پر تھے ــــ بم پھوٹنے کا آواز ہوا ــــ اور دیکھتے ہی دیکھتے پل ٹوٹ گیا ــــ ہمارا بابا اسی پل کے نیچے دب کر مر گیا۔ (روتا ہے)

راجو: جنٹلمین! آپ نے اب وشنو کا بیان سن لیا ہے ــــ وہ اس وقت بہت دکھ میں ہے۔ امید کہ آپ اس سے کوئی سوال نہیں پوچھیں گے۔

(اخبار والے چلے جاتے ہیں۔ ان کے جاتے ہی پرساد وہاں آتا ہے۔ راجو بھی اخبار والوں کے ساتھ باہر جاتا ہے۔)

پرساد : (وشنو سے) دیکھو! کوئی بھی تم سے پوچھے — یہی جواب دینا — تمہارا گھر میں بنا دوں گا۔ تمہاری بہن کی شادی اب میرا ذمہ ہے۔ سارا خرچ میں کروں گا۔ اور تمہیں ہر ماہ ہمارے ٹرسٹ سے پانچ سو روپے ملیں گے۔

وشنو : اسی امید پر تو سب سے جھوٹ بول رہا ہوں سرکار!

پرساد : خاموش — دیواروں کے بھی کان ہوتے ہیں — جاؤ اندر۔

(وشنو چلا جاتا ہے۔)

(ریڈیو پر آواز — "ابھی ابھی سماچار ملا ہے کہ منتری شری متل صاحب نے رجنا فلم اسٹار اسکینڈل کی وجہ سے اپنے پد سے استعفیٰ دے دیا ہے۔ ان کے خلاف بھرشٹاچار کے اور بھی آروپ تھے جن کی انکوائری پارٹی کے جنرل سیکریٹری کر رہے ہیں۔)

(پرساد ولینوں کی طرح قہقہہ لگاتا ہے — "دیکھا متل! مجھ سے ٹکرانے کا انجام —")

(جادھوراؤ اندر آتا ہے)

جادھوراؤ : صاحب! متل نے استعفیٰ دے دیا — اب وہ ختم ہو گیا!

پرساد : میں نے سنا ہے لیکن یاد رکھو، کوئی پالیٹیشین اس وقت تک ختم نہیں ہوتا جب تک اسے زمین کے نیچے دفن نہ کیا جائے — اب زیادہ ہوشیار رہنے کی ضرورت ہے — اور ہاں اس وشنو کے بچے کا پورا خیال رکھو — اس نے زبان کھول دی تو تمہارے ساتھ میں بھی مر جاؤں گا۔

(فیڈ آؤٹ)

(باہر لوگوں کا شور — پرساد کمار استعفیٰ دو — پرساد کمار گدی چھوڑ دو۔)

پرساد: (راجو سے) پولیس کو فون کر کے ان لوگوں کو یہاں سے ہٹا دو ـــــ مجھے پریمیئر کے لیے جانا ہے۔

(باہر شور ـــــ لاٹھی مار ـــــ ہنگامہ کی آواز ـــــ پرساد کمار باہر جاتا ہے ـــــ روشنی گھوم رہی ہے ـــــ یہ دکھانے کے لیے کہ وقت آگے بڑھ رہا ہے)

ایک آدمی (اندر آتا ہے): کہاں ہے پرساد کمار!

راجو: آج ان کی فلم "ماضی کو بھول جاؤ" کا پریمیئر ہے وہاں گئے ہیں۔

آدمی: ماضی کو تو وہ بھول چکے ہیں لیکن ہم کو بھی بھولتے جا رہے ہیں۔ جب فلموں میں ہی کام کرنا تھا تو پالیٹکس میں کیوں آئے؟

راجو: دیکھو! سمجھنے کی کوشش کرو۔ ان کے پروڈیوسروں سے ایگریمینٹز ہیں۔

آدمی: ہم سے بھی انہوں نے وعدے کیے تھے کہ وہ الیکشن میں جیتنے کے بعد اپنے حلقے میں رہیں گے ـــــ لوگوں کی سیوا کریں گے ـــــ لیکن اب ان کے درشن صرف فلم کے پردے پر ہی ہوتے ہیں۔

راجو: وہاں انہوں نے اپنا آفس کھولا ہے۔

آدمی: ہمیں آفس کے کلرکوں سے کوئی دلچسپی نہیں ہمیں اپنا نمائندہ چاہیے۔

راجو: نیکسٹ ویک میں وہ اپنے حلقہ میں آنے والے ہیں۔

آدمی: اب وہ وہاں آ کر ہی دکھائیں! ان کا حلقہ کوئی سنیما کا تھیٹر ہے۔ ان کے درشن تو جوتی پھینک کر سنیما میں ہو جاتے ہیں ـــــ ہمیں انہیں نہیں، ان کے کام کو دیکھنا ہے۔

راجو: آپ لوگوں کو کسی نے بھڑکایا ہے۔

آدمی: ہمیں ہماری مجبوری نے بھڑکایا ہے۔ ہماری غریبی نے بھڑکایا ہے ـــــ اور اتنا یاد رکھیے کہ جب غریب بھڑکتا ہے تو امیری کو آگ لگا کر ہی چپ ہوتا ہے ـــــ آگ بھڑک چکی ہے ـــــ پرساد کمار کو کہہ دینا ـــــ اس اگنی پریکشا سے بھی

گودکر دکھا دو۔

(وہ آدمی باہر چلا جاتا ہے ___ بجلی کی کڑک ___)

(پرساد کمار پریشان حال اندر آتا ہے۔ اس کے کپڑے پھٹے ہوئے ہیں)

راجو: (گھبرا کر) کیا ہوا سر؟

پرساد: کیا نہیں ہوا؟ لوگوں نے ہلّڑ بازی کی ___ سنیما ہال کی کرسیاں ٹوٹ گئیں ___ فلم "ماضی کو بھول جاؤ" بری طرح فلاپ ہوگئی ___ پہلے ہی دن سنیما ہال سے اُٹھانا پڑی ___ شاید یہ میری سزا ہے ___ اس لیے کہ میں ماضی کو بھول چکا ہوں ___ کیا تھا میں؟ ایک معمولی آدمی ___ لوگوں نے مجھے زمین سے اٹھا کر آسمان تک پہنچا دیا سپر اسٹار بنایا ___ پارلیمنٹ کا ممبر بنایا ___ عزّت دی ___ دولت دی ___ شہرت دی ___ کیا آتا تھا مجھے؟ کچھ بھی نہیں ___ فلم کی ایکٹنگ بھی نہیں ___ سیاست بھی نہیں ___ لوگوں نے مجھے برداشت کیا ___ مجھے کیا سے کیا بنا دیا ___ لیکن میں ہی بھول گیا کہ میں کیا ہوں؟ میں نے کتنے پاپ کیے ہیں ___ مجھے ان کا پرائشچت کرنا ہوگا ___

(روتا ہے)

راجو: سر آپ ہمّت مت ہاریئے!

پرساد: میں بازی ہار چکا ہوں راجو! اور ہارے ہوئے گھوڑے پر کوئی پیسہ نہیں لگاتا۔

(کروڑی مل اندر آتا ہے)

کروڑی مل: میں اندر آسکتا ہوں؟

پرساد: کروڑی مل تم!

کروڑی مل: میری فلم "شیطان کی اولاد" کی سلور جوبلی ہے۔ سوچا اس فنکشن کا دعوت نامہ خود دے آؤں۔

پرساد: تھینک یو کروڑی مل! تم نے اس بُرے وقت میں بھی اپنے پُرانے دوست کو یاد رکھا۔

ایک اور سپر اسٹار (ڈراما) قاضی مشتاق احمد

کروڑی مل: وقت کبھی اچھا یا بُرا نہیں ہوتا ـــــ اُسے اچھا یا بُرا انسان بناتا ہے خود اپنے ہاتھوں سے۔

پرساد: میں اب ٹوٹ چکا ہوں ـــ کروڑی مل ـــ ! کیا اس وقت تم مجھے سہارا دے سکتے ہو ـــ؟

کروڑی مل: میں کیا کر سکتا ہوں؟

پرساد: ڈوبتے کو تنکے کا سہارا کافی ہوتا ہے ۔ آج تمہارے بینر کا نام ہے تمہاری فلمیں کامیاب ہو رہی ہیں۔ مجھے اپنی فلم میں دوبارہ چانس دو۔

کروڑی مل: میں کیا چانس دوں گا۔؟ میں ٹھہرا چھوٹا پروڈیوسر۔

پرساد: تم جو پرائز دو گے میں لے لوں گا۔

کروڑی مل: اور رول؟

پرساد: رول تو میرا ہی لیڈنگ ہونا چاہیے ۔

کروڑی مل: اسی ضد نے تمہیں تباہ کیا ہے ۔ تم آج بھی اپنے آپ کو جوان سمجھ رہے ہو ۔ جوانوں کی طرح فلموں میں رول کرتے ہو ـــــ آج تمہیں کالج اسٹوڈنٹ کے رول میں کون قبول کرے گا؟

پرساد: تمہارا ہیرو کون ہے؟

کروڑی مل: انیل چڈھا ـ سُپر اسٹار!

پرساد: انیل چڈھا اور سُپر اسٹار؟

کروڑی مل: آسمان میں چمکنے والے ہر ستارے میں روشنی ہوتی ہے ـ لیکن چند ستاروں میں زیادہ روشنی ہوتی ہے ـ جو زیادہ چمکتا ہے وہ سُپر اسٹار کہلاتا ہے ـــ آج انیل چڈھا کا نام ہے اس کی فلمیں دھڑا دھڑ کامیاب ہو رہی ہیں ـــــ اس لیے وہ سُپر اسٹار ہے ـــ!

پرساد: وہ کل کا بچہ؟ اسے آتا کیا ہے؟

کروڑی مل: تم جب سپر اسٹار بنے تمہیں کیا آتا تھا؟ گریجویٹ ہو کر تم ٹھیک سے بول بھی نہیں

سکتے تھے ـــ تمہیں بولنا ـــ چلنا ـــ سب میں نے سکھایا ـــ تم تو میرے احسان کو بھول گئے ـــ لیکن ـــ انیل چڈھا نہیں بھولا ـــ وہ جب بھی سیٹ پر جاتا ہے میرا آشیرواد لے کر .... !

پرساد: مجھے معاف کردو کروڑی مل ! ـــ مجھے بھی تمہارے آشیرواد کی سخت ضرورت ہے ـــ !

کروڑی مل: میری دو شرطیں ہیں۔

پرساد: مجھے ہر شرط منظور ہے۔

کروڑی مل: شرطیں سُن لو ـــ پہلی شرط، تمہیں اگر فلموں میں کام کرنا ہے تو ہیرو کا رول چھوڑنا ہوگا ـــ ایک میان میں دو تلواریں نہیں رہ سکتیں ـــ دوسرے تمھیں ہیرو کا رول کرنے کی ضد چھوڑنا ہوگی ـــ میں تمہیں انیل چڈھا کے باپ کا زبردست رول دوں گا۔

پرساد: میں؟ سُپر اسٹار ـــ باپ کے رول میں ؟

کروڑی مل: کل کا سُپر اسٹار ـــ آج کے سُپر اسٹار کے باپ کے رول میں !

پرساد: شکر ہے ـــ کہ میں باپ بھی بنوں گا ـــ تو سُپر اسٹار کا ! ـــ سُپر اسٹار فادر !

(روشنی اسٹیج پر گھوم رہی ہے ـــ اسٹیج پر اندھیرا ہے ـــ پھر ایک دم اُجالا چھا جاتا ہے ـــ انیل چڈھا ـــ سُپر اسٹار بنا بیٹھا ہے۔

مبارکباد دینے والوں کی بھیڑ ہے ـــ لوگ ہار لے کر آرہے ہیں ـــ ان میں وہ لوگ بھی شامل ہیں جو پہلے پرساد کمار کے چمچے تھے ـــ وہ پرساد کمار کو دھکا مار کر ـــ آگے جاتے ہیں ـــ اور انیل کو مبارکباد دیتے ہیں ـــ

اسٹیج پر اندھیرا چھا جاتا ہے۔ روشنی صرف دو تصویروں پر ہے۔ ایک انیل — دوسرا پرساد — بیک گراؤنڈ سے آواز آتی ہے — "یہ سپر اسٹار کی کرسی ہے جو کبھی خالی نہیں رہتی — ایک جاتا ہے دوسرا آجاتا ہے۔ آج کا سپر اسٹار ہے انیل چڈھا — ممکن ہے کل کوئی دوسرا آجائے — یہ دنیا ایک اسٹیج ہے جہاں ہر اداکار آتا ہے اور اپنا پارٹ ادا کر کے چلا جاتا ہے — باقی رہ جاتی ہیں یادیں — یادیں — یادیں —!"

(پردہ گرتا ہے)

ختم شد

**

www.ingramcontent.com/pod-product-compliance
Lightning Source LLC
LaVergne TN
LVHW010405070526
838199LV00065B/5902
9789369080847